LOCUS

LOCUS

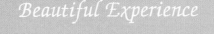
Beautiful Experience

tone 13

德勒斯登　浪漫古典的夢幻之城

作者：章艾葇
責任編輯：李惠貞
法律顧問：全理律師事務所董安丹律師
出版者：大塊文化出版股份有限公司
台北市105南京東路四段25號11樓

讀者服務專線：0800-006689
TEL：(02) 87123898
FAX：(02) 87123897

郵撥帳號：18955675
戶名：大塊文化出版股份有限公司
e-mail:
locus@locuspublishing.com
www.locuspublishing.com

總經銷：大和書報圖書股份有限公司
地址：台北縣五股工業區五工五路2號
TEL：(02) 8990-2588 (代表號)
FAX：(02) 2290-1658

製版：瑞豐實業股份有限公司
初版一刷：2007年7月
定價：新台幣350元

ISBN 978-986-7059-89-5
Printed in Taiwan

Design_Le Chat/Hui-Hui

德勒斯登

浪 漫 古 典 的 夢 幻 之 城

Unforgettable Enchanting City:
Dresden

目錄 contents -- -

初見德勒斯登

與德國親身接觸前，冷峻、嚴肅、固執、踏實、不妥協、循規蹈矩，
是腦海中對這國家的刻板印象；
正如人與人之間，不免因缺少觀察，隨著道聽塗說、隻字片語，
即對一事一物產生先入為主的看法，而這概觀卻不見得有多少是完整而真實的。
因緣際會地，德勒斯登（Dresden）給了我對德國的第一印象，並且，
打從踏出機場的那天起，我就愛上她的味道與城市線條。

德勒斯登並非二十世紀最亮眼的德意志大都會；不如柏林於一九九〇年東西德圍牆倒塌後受到國際矚目，也不像法蘭克福那樣擁有歐洲最大轉運樞紐之無可取代的交通地位，亦無慕尼黑因BMW最佳房車帶來的閃爍光環；許多人行經德國，可能匆匆地便錯過了德勒斯登。

　　但是，可以這麼說，若未走過德勒斯登，無啻與德國歷史與文化精采的一頁擦身錯失。它的豐富絢爛，不僅保留了十七世紀波蘭國王暨薩克森選侯之強人奧古斯都（August der Starke）的足跡，對於歐洲宮廷、文化、古典音樂，亦付出諸多細微呵護。以藝術性的眼光來看，杉普歌劇院（Semperoper）、巴洛克式宮廷教堂（Hofkirche）、布魯薛爾台地（Brühlsche Terrasse）、葛根堡（Georgenbau）、亞伯庭（Albertium）等華麗古典建築，沿著易北河畔屹立，更造就了德國優雅如幻之都城美景。無論紅霞滿天或陰雨綿綿，無論陽光、白雪或雨水，皆共同編織了這高貴如詩的天際線。

　　現今人們以「易北河畔之佛羅倫斯」歌誦其浪漫面貌，無奈必須強調的是，在近代歷史中，德勒斯登所遭遇、承受的，並不亞於柏林、慕尼黑或漢堡。一九四五年二次世界大戰喋血時期，美英盟軍的空襲炮火，在德勒斯登留下許多殘忍的傷痕。

　　戰爭沒有道理可言，正如在我來到德國之前，亦無法領略二〇〇三年三月美伊戰爭的意義。如同伊拉克人民必須於戰後辛苦地重建家園，德勒斯登的人民至今仍逐日逐月認命地、一磚一瓦地修復這個城市，期盼它恢復二次大戰前的光輝。

→ 從郝斯曼塔俯瞰一旁的王宮教堂
← 德勒斯登美麗的天際線

三年前剛來到德勒斯登時，我曾於暮色中悠閒地躺在易北河畔草地上，感受微風中的寧靜。皇宮前，提琴手的隨興表演，使每個路人都浸淫在喜悅歡愉的氣氛中；小朋友享受著剛從冰淇淋攤買到的核桃與優格口味；馬爾濟斯在主人身上蜷蜷暖睡……。剎那間我看不出這城市曾有的悲傷，但是，仔細瞧望，遠方聖母教堂（Frauenkirche）的教堂圓頂仍在修復建造中。

　　住在這裡、感受這裡，逐漸地，隨著時間的流動，覺得自身已與它連結為生命共同體。我還不確定我對德國的最終印象是什麼，但肯定的是，絕非冷峻，絕非嚴肅，絕非固執。

　　沉睡的德勒斯登已甦醒，吟遊詩人在此停佇，聆聽遠方教堂傳來莊嚴肅穆的巴哈樂章。你不會孤單地坐在空曠的廣場上，日耳曼的美酒微醺著每個生命的靈魂。低吟、迷惘，再起身，朝向遠方不知名的迷濛曙光……

→　從古城眺望易北河畔
←　塔申堡直指天際

易北河畔的佛羅倫斯

自柏林圍牆倒塌以來,德勒斯登努力地走出前「東德」形象;

歷史並非她的包袱,她不自憐、不懦弱、不讓過去的戰爭陰影掣肘;

反之,我們感受到她破繭而出的那股強大力量……,

有些震撼、也有些感觸和感動。

一江獨自涓涓潺流的輕波細水,看似秀美,然而日落時分,不免顯得滄桑淒涼。一座華麗輝煌的宮殿於浩然天地間存在,若無山水陪襯,亦顯身影孤寂……。德勒斯登何其有幸,同時坐擁河濤與皇朝建築之浩瀚氣魄。

從一二○○年開始,德勒斯登展開了歷史軌跡——在最初被稱為「Drezdzany」的地方,出現了侯爵城堡。待十五世紀初勇者弗列德里希(Friedrich der Streitbare)時代,他所擁有的疆域成為薩克森選帝侯國(Kursachsen);同時,維廷(Wettin)皇族的雄威勢力也逐漸在此發展起來。

早在十世紀之際,薩克森近郊城鎮邁森(Meissen)曾在斯拉夫人海因里須一世(Heinrich I)國王的統馭下,建起堡地;後來維廷家族再度於易北河畔打造起亞伯列茲堡(Schloss Albrechtsburg)。城堡如今仍氣宇軒昂地聳立於山丘上。堡內哥德式的圓弧穹拱天頂,繪滿了繁華富麗的花紋,在描繪宮廷故事的壁畫襯托下,顯得威嚴、神秘而又魅惑人心!總覺得邁森的這座城堡,是當今德勒斯登近郊最值得一探的殿堂,它內部的壁畫成就,遠遠超越了外觀的型態,沒走進裡面,可看不出它蘊含的偉大精華。

← 德勒斯登最著名的「卡納雷托美景」。

漫步至德勒斯登古城區的皇宮廣場旁，那道長達一百零二公尺的「王侯馬列圖（Fürstenzug）」，生動地描繪了薩克森維廷皇家歷代統治者的英姿。他們各個身披長袍冠冕，猶如一列驍勇善戰、即將出征的優雅軍隊。被美譽為「溫厚者」的弗列德里須二世（Friedrich der Sanftmütige），以及他的兩個兒子恩斯特（Ernst）與亞伯列（Albrecht）——即決心攜手打造邁森亞伯列茲堡，並視德勒斯登為永久駐地的繼位皇者——也都現身於壁畫上。

乍看之下，馬列圖好像是畫的；大部分初次見到它的人，大概都會直覺這麼認定。我剛到德勒斯登的頭兩個月，時常經過它的旁邊，也未察覺到什麼特異之處；直待有天和德國朋友聊起了它的歷史，才知曉該幅名「畫」，其實是以多達兩萬四千片邁森名瓷工廠窯燒出來的磁磚所拼貼而成的。這是何其浩大的工程！不過，話說從頭，這副圖原生確實是幅壁畫，它最早出現在十六世紀末，以非常獨特的斯格拉斐托（Sgraffito）灰泥刮畫繪法創作製作而成。可惜因時間因素，它的顏色光采會逐漸褪逝。於是一八七〇年時，畫家威賀姆・華特（Willhelm Walter）設計了新圖，再度以同樣的繪畫技法重製。而一九〇四年的燒磁拼貼，算是較一勞永逸的做法，好讓美麗細緻的圖騰，能在陽光風雨的暴露下，始終維持原貌。

二次大戰期間，隱身於奧古斯都街（Augustus-strasse）的馬列圖，僥倖躲過了戰火的轟擊，僅僅掉落了幾片碎瓦，形成些許龜裂。但一旁的天主宮廷教堂（Hofkirche）和茲溫葛宮（Zwinger），可就沒這麼幸運了！

在德勒斯登，經常看得到滿目瘡痍的戰後黑白老照片，要不出現在博物館、紀念館裡，要不就在書局門口最醒目的書架上。很難說究竟有多少人對這段歷史有興趣，但只要你踏進了這座城市，就會接收到非常多的相關訊息。原本與第二次世界大戰距離遙遠、對這段歷史毫無所悉的人，不知不覺中，也會漸漸略知一二，甚至腦中充滿歷史畫面，就像德國電視節目持續播放的影像般，重播再重播，腦中的潛意識，亦能於訊息解碼後，再度自行組織起排山倒海的新片段。各種鏡頭下的苦難舊照，被印成了帶有商業意義的明信片，令人感到有些矛盾、詭譎。畢竟，沒有人會想主動創造這種慘烈的悲情場景。

二十世紀中葉的隆隆砲聲，帶走德勒斯登三萬五千餘人命，更遑論強者奧古斯都的建設如何因此付之一炬。

→ 浩瀚壯觀的王侯馬列圖

→ 戰後重起的天主宮廷教堂藝術價值斐然，
　　聖殿輝煌且肅穆。

一六九四年登基為薩克森選帝侯的弗列德里須‧奧古斯都一世（Friedrich August I.），胸懷滿腔抱負與遠見，造就了歐洲史上最大的國家疆域之一。他主政的時代，使德勒斯登展露了最奢華閃耀的宮廷氣息，創造出文藝建築高潮的美麗年華。德勒斯登的美，被其慧眼看重，搖身一變，化身為優雅的貴族皇宮重鎮。「易北河畔的佛羅倫斯」，就此問世。

奧古斯都的皇城建設概念，受到法國國王路德維希十四世（Ludwigs XIV）的影響。因此他竭盡所能地在德勒斯登打造宮殿，收藏世界珍寶，表現泱泱大國的氣度與雄厚財力。其中皮爾尼茲宮（Schloss Pillnitz），以及近郊高雅的莫里茲堡（Schloss Moritzburg），至今仍為人所讚嘆懾服。

德勒斯登從最初純樸的斯拉夫小漁村，轉變為氣質雍容華貴的一國之都；從易北河畔平凡的商業聚集之地，擢升為孕育古典音樂與藝術的文化鎮地。奧古斯都豐富的經歷學識、開闊的胸襟視野，也帶給當地許多源自義大利的異國風情創見；甚至他對中國的傾心，也明明白白地表現在皮爾尼茲宮中。

→ 莫里茲堡
　　皮爾尼茲宮
← 覆滿中國式壁畫的皮爾尼茲宮

薩克森王國古城巡禮

歐洲最美的陽台——布魯薛爾台地

電車急速地飛馳過亞伯特廣場,許多人紛紛趕著下車。

古城裡,正在進行一場氣勢非凡的歷史大遊行,慶賀德勒斯登建城八百周年。
中午路上已經開始交通管制,人們只好徒步從中央大街慢慢走到卡洛拉橋,
再通往布魯薛爾台地。

　　　眼看人擠人的電車、萬頭鑽動的橋畔,可想而知,這場盛會將有多麼隆重。
奧古斯都石橋的兩側護欄上,早坐滿了來自世界各地的遊客,大家全等著兩百匹駿馬
與「中古世紀王朝貴族」的駕臨。

　　　遊行開始,薩克森王國的公主和王侯們,把德勒斯登的世界拉回到了十五、
十七世紀。他們亮麗的織花披風、金冠權杖,展現出這個國度曾有的富裕堂皇;一旁
穿著威武軍戎的將帥留著兩撇濃濃的鬍子,手持長槍,率領著雄糾糾氣昂昂的部隊。
如此熱鬧的場面,就連宗教改革領袖馬丁路德也忍不住出來參一腳,帶領著唱詩班和
追隨他的教徒們,在花車上頌讀經文……

接二連三的煙火炮聲在空中此起彼落，街上的觀眾看得興奮不已。葛根堡前劇院廣場旁特別設置的觀禮台更是座無虛席，布魯薛爾台地上擠滿觀賞遊行的人潮。

布魯薛爾台地向有「歐洲最美的陽台」之稱，平常漫步在這裡的人潮本來就多，倘若德勒斯登也要上演一場「新橋戀人」，這裡不愧為最唯美動人的電影場景！

在這片高聳於易北河畔的台地上，有細緻秀麗的河畔風景、希爾頓飯店的頂級美食、雕塑博物館、姹紫嫣紅的花園、皇家藝術學院……，不知道還有哪裡會比這兒的內涵景緻更豐富！或許就是這樣的完美，促成了德勒斯登易北河谷被列入聯合國世界文化遺產。

台地中央巴洛克風格的王次子（Sekundogenitur）宮殿旁，是希爾頓的咖啡雅座；廳裡十分古典優雅，可以品酒用餐的維坦酒窖（Wettiner Keller）就在這裡；而修剪整齊的翠綠圓樹下，老奶奶正專注地品嘗著她的焦糖冰淇淋聖代。

一旁的街頭藝人又在費盡心思地表演，他們穿著全身銀色或金色的長袍，戴上看不到臉的面具，裝成拿長斧的詭異老翁、或是帶點威尼斯風情的面具藝人。每當遊客賞錢在地上的盒子裡時，他們就會像機器娃娃似地舞動手腳，小朋友常看得心花怒放。

→ 美麗的布魯薛爾台地
← 台地上的藝術表演者

有一回我和德國朋友在布魯薛爾花園閒逛，她把我帶到靠近猶太會館方向的鐵欄杆旁，指著欄杆上的一個大凹洞問我：「妳聽說過關於這個洞的傳說嗎？」我搖搖頭。她繼續道：「德勒斯登始終有個謠傳；許多人說鐵欄杆上的這個大凹洞，是以前被強人奧古斯都強而有力的大拇指所壓出來的。」我聽了，不禁大感好奇，不知是真是假；如果並非事實，那德國人的想像力還真豐富！我把自己的大拇指放了上去摸一摸，她又說：「你瞧那皇家藝術學院上面的透明玻璃罩，還被大家譬喻成像『榨檸檬汁』的機器呢！」

　　陽台上的雕塑藝術豐富得令人驚訝，除了格奧葛‧多依廣場附近的建築家杉普（Semper）紀念塑像，靠近皇宮廣場面對宮廷教堂的大台階兩側，也有雕塑家席凌（Schilling）所創造的天使與優雅女子，而他的老師恩斯特‧李契爾（Ernst Rietschel）——也是一代薩克森雕塑名家——的雕像，則被安置在王次子宮殿前的花圃中央。走到猶太會館和台地中間的綠草步道旁，我還曾被鑲嵌在台地斜角上巨大威武的莫里茲公爵紀念碑給吸引住。有一年易北河水暴漲，水淹上了草皮，耀眼的夕陽將莫里茲一身勇猛的盔甲軍劍倒映在水面上，令人無法將視線移開……

→　皇家藝術學院的玻璃罩圓頂，宛如榨檸檬汁機器
　　王次子宮殿前的露天咖啡雅座
←　王宮教堂一隅

週末下午艷陽高照，我不自禁地走到布魯薛爾台地散散步。亞伯庭博物館前傳來陣陣悠揚音樂聲，循著聲音的源頭，我走過海豚噴泉水池，看到布魯薛爾花園旁的圓弧樹蔭下排滿了長椅，許多觀眾安靜地聚集著。古典音樂會上演了，就在皇家藝術學院前的廣場旁，穿著紫色禮服的女音樂家優雅地吹著橫笛，弦樂與管樂的協奏音符，讓這歐洲最美的陽台頓時化身為與自然共鳴的音樂廳，滿頭白髮的老先生隨著指揮的細棒，認真地輕彈撥弄著手中低音大提琴的琴弦。

餘音繚繞，法國羅丹雕塑的沉思者，正寧靜地在亞伯庭的恢宏建築中，與人們共享笛聲琴韻。

這片起初僅僅為易北河谷旁保衛古城的防禦工事，沒想到百年多來，竟變成了德勒斯登無人不愛的地方，就連德國文豪們都為之傾心。陽台擁抱的是無盡蜿蜒之河景，尤其當冬季易北河表面結冰時，縱然寒風凜冽，我還是會到這兒來見證德國冷空氣所凝結成的難得景象。

← 皇家藝術學院旁的音樂會

黃昏了，從王次子宮殿的旋梯旁往下探看，慕茲巷坊（Münzgasse）熱鬧無比。它雖然被夾在台地和聖母教堂廣場之間，但箇中活力卻如巴黎拉丁區的酒館街坊般熱情洋溢。筆直短窄的小徑兩側，充斥許多時髦的異國料理餐館；Las Tapas餐館提供各種西班牙下酒小菜，它那油漬緹魚和茄汁貽貝海鮮的濃郁風味，在空氣中勾引著遊人的味蕾！靠近河堤的鵝卵廣場中，永遠有個烤圖林根香腸、身穿白衣的師傅；而各家餐館的露天雅座，更是隨時等著客人來喝上一杯酒。用餐時刻，這裡永遠是人聲鼎沸。

　　不論是在希爾頓Rossini吃頓義大利餐，或是於聖母教堂咖啡館享用一餐薩克森傳統德國燉肉，過了夜晚時分，慕茲巷坊的焦點，全集聚到了m.5的俱樂部中；狂放冶艷的音樂動感，揮發著雞尾酒中的微醺氛圍……。也許只有在聖誕季節時，這條酒館之路，才會在薑餅市集與繁星點點的虹燈光影下，勾勒出如聖母懷抱般的溫馨氣息。

→　聖母教堂旁的幕茲巷坊（耶誕季節）

義大利古典灰泥繪法之傑作──國都王宮馬廄

在德勒斯登，倘若想尋回至高無上的「中古騎士精神」，那麼，沒有別的地方會比國都王宮的長廊（Langer Gang）更富有激情澎湃之豪傑氣宇了。

站在迎接奧古斯都橋的皇宮廣場上，我曾以為，莊嚴之於宮廷教堂，宏偉之於王侯馬列，歲月刻劃之於葛根堡的風雲變色……所有的精采，到此為止。然而，直待我鑽進了葛根堡門拱下幽暗的穹頂穿堂，這才發現，薩克森王國永遠有令人意想不到的珍貴遺跡藏匿著。

佇足於長廊邊，我驚嘆那滿牆灰與白雙色之細緻雕飾，充滿了義大利文藝復興時期的藝術美感。在日光月影的照耀下，整齊劃一的托斯卡尼圓拱廊柱支撐起宮廷內最優雅的武術廣場。

這是選帝侯與將帥們長槍比武的樂園。很難想像，在這麼美麗的庭子裡，以往上演的並非宮廷音樂饗宴，而是做為不折不扣的馬廄（Stallhof）使用。十六世紀的中古時代，武士們就是在這兒競技馬術，馳騁、駕馭著駿馬，展現俐落的身段和劍術。

→ 優雅華麗之王宮馬廄
　　長廊的日晷鐘
← 王宮廣場上人來人往

純白的圓柱上掛滿了鹿角等狩獵戰利品;傳統的日晷鐘,在長廊華壁上一分一秒盡責地走著;那斯格拉斐托灰泥刮繪法營造出的高貴氣質,更是歷久彌新。壁畫繪製得十分完美,連上了色的窗形圖樣,都教人誤以為是真的!我曾在綠拱頂珍寶博物館二樓往窗外天井望,也意外地見識到國督王宮充滿灰白壁畫圖騰的華麗內牆,那精雕細琢功夫之精湛,幾可與伍茲堡皇宮花彩繽紛的溼壁畫並駕齊驅。

雖然長廊旁的原馬廄樓──約翰諾伊姆(Johanneum),現在變成了交通博物館,但是它典雅沉穩的建築造型,仍散放著巴洛克風華的魅力。夏天時,馬廄樓廣場旁的土耳其噴泉附近,圍滿了買冰淇淋的年輕人和小朋友,玩累了的人,就坐在博物館門口前方美麗交錯的英吉利石階上。

新廣場的此一角,曾目睹二次大戰的烽火在身邊吞噬著這座屬於日爾曼榮華世代的城市;再怎麼善戰的騎士,也敵不過數百年後皇都命運的浩劫……。但是別忘了,這裡存在著歐洲最古老的競技場之一!

王宮馬廄的戰後再起,使德勒斯登的隆冬季節多了一個美麗的皇宮舞台。每到十一月底,我常常會來這兒,看看重返中古世紀場景的「Stallhöfisches Adventsspektakel」耶誕市集;各個場間的娛樂技藝、傳統麵餅烘培、蒸餾酒的啜飲……讓每個人心裡都暖呼呼的。只有拱廊前方四支銀銅色的圓柱,仍提醒著人們過往奔騰於此的騎士情懷……

→ 天主宮廷教堂之塔
← 那斯格拉斐托灰泥刮繪法織起的中古宮廷建築

傳統與創新—Neumarkt

幾十年前，德勒斯登仍是個慘不忍睹的廢墟，斷壁殘垣、雕塑傾頹。
看著書上戰地記者拍的老照片，戰後初期，德勒斯登方圓百里內幾乎了無生氣，
那時候的城市，是黑色的。
每棟古城區的樓房全都轟光了頂，灰飛煙滅的景象，
就與電影《戰地琴人》中，二次大戰時被德軍炸翻的波蘭華沙差不多。
多麼諷刺，也多麼無奈。

每每走在古城區，總見這兒經年累月地進行著戰後重建的龐大計畫，行起路
來，不得不耐著性子左彎右拐。而聖母教堂上的起重機，在二〇〇六年以前，一直都
是河畔邊最煞風景的破壞份子；天空中所有的線條都圓滑柔暢，只有它是硬梆梆的。
不過，若沒有這現代機器，恐怕難以最有效率的方式，完成今日傑出的建築結構。

走到希爾頓飯店後方的新廣場（Neumarkt），不難察覺，這裡正在進行一場
「復古革命」。所有的工程，似乎都在試圖恢復二十世紀初期以前的原貌。

這些新興的古典建築，雖然型態線條儘可能地傳統，但因為色澤太鮮明，看起來反像是近乎完美的電影佈景。其中一棟成了現在最新穎摩登的 Steigenberger Hotel de Saxe 四星級豪華旅館；奧古斯都二世的雕像，便雄偉地矗立在新旅館前方。

斜對面的馬丁路德聖像，在交通博物館和聖母教堂之間，也悄悄巧地蓋起了嶄新的 QF an der Frauenkirche 高級購物中心。它臨對著希爾頓飯店，一路連結國督王宮外牆上的王侯馬列圖。如今新大樓的外貌雛形已經完成，令人難以想像兩年多前，這裡還是圍著柵欄籬笆的大工地，誰也看不出裡面的花樣和名堂！

這項大改造計畫，正如廣場佈版上所闡述的標題般貼切——「Tradition and Innovation」（傳統與創新）。建築師們絞盡心思，盤算著該如何恰到好處地，在這擁有許多歷史的土地上蓋起新樓，但又不失風景的協調，最好還能營造出思古幽情的氛圍。

那頭靠近老市集廣場的街角，一座不怎起眼的小玻璃庭廊裡，正講述著新廣場重建的點點滴滴。我走進屋裡轉了轉，看到一大群人圍著一張大平台；原來平台上正展示著迷你版的新廣場模型，紙做的樓宅接連成串，色彩繽紛，拼湊起以聖母教堂為中心的新廣場樣貌，連同附近的皇家藝術學院也都囊括在內。如果小城故事多，旁邊黑白照片上的老德國風情，更是耐人尋味！

許多遠道而來的遊客，盯著一旁電視機播放的黑白影片，充滿好奇地看著二次大戰前後新廣場的老城情境縮影。為新興建築起草的建築師繪稿，如藝術創作般地勾勒出迷人的線條，這些稿件，全複製成了炙手可熱的紀念海報和書卡。

蓋房子容易，但如何蓋得適切、又符合歷史精神，頗是大學問。我們看籬笆工地裡的師傅搬水泥磚搬得辛苦，而更教人佩服的，是幕後推動「歷史性」新廣場重建的那群史學家、建築師、藝術家和律師們的用心與努力。一般人可能想：新時代，就造新屋！但德國人就是這樣一個極富有使命感的民族，他們認為原土地上的老建築是因戰爭而殞落的，那麼他們就有責任要恢復一九四五年戰前的都城原貌，這是為了德國的後世子孫，為了讓往後的市民與遊客們都能見證「真實原味」的德勒斯登。

→ 位於新廣場附近，以奧古斯都情婦考澤爾（Cosel）為名的考澤爾宮

我們在這裡看見為歷史而搏鬥的勇士，他們的心血投資，並非膚淺地為了商業利益。想想：有了古意盎然的新廣場，人們以後從茲溫葛皇宮、國都王宮那頭走來，畫面將是連結的、情感是延續的、思緒是順暢的，視覺不至於頓時感到突兀，莫名地以為從歐洲突然掉進了極端流線的芝加哥！

　　規劃師們將眼光放在「設計」上，而設計的根源基礎來自老照片與歷史文獻。這其中必定有很多考古的樂趣！尤其在整頓清理舊址地基時，總會出奇不意地挖掘出老時代的瓶瓶罐罐，就像奧地利哈須達特湖區（Hallstatt）一樣，街道旁常排滿了湖裡撈起的銅綠色古意玻璃瓶。在拉姆比希街（Rampische Strasse）二十九號上，就要重蓋一棟極富巴洛克風格的高雅宅第。這教人幾乎不敢想像，到底有多少龐大的資金得投注在德勒斯登這片如麻豆大的土地上。

→　新廣場上的老遺跡
←　遠眺聖母教堂

平常我特別喜歡搭電車到皮耶拿夏廣場附近，閒逛到黃橙橙的Gewandhaus旅館。冬末時，旅館前方開滿了粉紅色的美麗櫻花，花瓣飄啊飄地，如夢境般美豔！等到了春天，旅館後方那片與寧靜住宅共圍起的小庭院廣場上，則綻放起妊紫嫣紅的薔薇、曇花，襯著各種嫩葉在微風中擺動，動人無比。而每每吸引我探頭注意的，還有旅館牆上精雕細琢的丁凌格（Dinglinger）宅邸噴泉。這個噴泉整體圍著一扇窗戶，上下都有個張大了口、面容威嚴的人像臉譜，左右則雕飾了許多可愛的天使。渾圓的泉池，宛若是個可愛的古典小浴缸。它離古市集比較近，是老德勒斯登建築藝術的珍貴寫照。從這兒過了條大街，對面才是新廣場。

　　十八世紀初，由名建築師普波曼（Matthäus Daniel Pöppelmann）建蓋的丁凌格宅邸，正面裝飾頗有皇宮般的華麗風味，在當時名聲極為響亮。不僅如此，其他在七年戰爭後搭蓋的、或一八四五年後出現的新廣場周圍住宅，也都是洛可可與新文藝復興的優雅風格。這或許說明了為什麼現在的建築師們，渴望傳統的新廣場能如願再現。廣場下的停車場可以極現代化，但上頭的建築可輕忽不得！

→　新廣場
　　新廣場上的馬丁路德雕像
←　丁凌格設計之噴泉

有一天，我在靠近中央大道後頭的骨董二手店裡，買到了一張愛德華·蓋特涅（Eduard Gärtner）的「Frauenkirche zu Dresden」複製畫。愛德華·蓋特涅是生於一八〇一年的德國畫家，畫風深情浪漫，筆下的風情格外雋永迷人。隨後我在德勒斯登古城區裡，四處尋找當時蓋特涅創作這張畫時的視覺角度，找了好一陣子都找不著。直到最近新的建築慢慢落成，才發現，原來他是站在猶太小廣場（Jüdenhof）旁，以當時被稱為「約翰諾伊姆」的選帝侯馬廄台階為前景，然後遠眺聖母教堂，以其為主體，繪下這幅名畫。

透過這幅圖，我窺見了十九世紀新廣場的模樣：滿地鵝卵石，與當今相去不遠；拿著長槍的衛兵，威嚴地站在選帝侯的馬廄旁審視著廣場；載著客人的豪華馬車駛經聖母教堂門前，正好與裝滿稻草的貨車交錯而過；至於另一頭的婦人們，則在廣場上忙著食糧的採買……

如今廣場上仍然還有載客的馬車，但都是給觀光客坐的；賣菜的小販不再有，倒是多了些表演音樂的街頭藝術家，還有捕捉影像的攝影師。

方圓百里內，唯一一座最能代表老共產時期的建築，就是那方方正正的文化中心！它的東德色彩非常鮮明，簡單、也呆板，在這片充滿皇宮美殿的地域中，顯得最不協調，也缺乏創意美感。但它的重要性恐怕無以取代，它是一段歷史的表徵與遺跡。「時代」可以遠去，但建築應當留下，伴隨著流傳下來的每一段往事……

德勒斯登有太多「新」的「老」建築；古蹟，其實都是「假」的。縱然如此，德勒斯登保存了她的天生麗質，炸毀的，也流露著殘缺的美。城市的樂趣，就在新與舊、古典與摩登、建築的直線與曲線之間巧妙迴盪。

→ 載客的馬車
新廣場上的老建築與聖母教堂

茲溫葛皇宮的藝術珍藏

十八世紀選帝侯王子的婚禮盛宴，造就了德勒斯登最富麗堂皇的宮廷駐地。
哈布斯堡帝國女大公約瑟法與他在此翩翩起舞，
迴旋啊迴旋之間，看著閃爍的皇冠門到了三百年後，
成為薩克森領土上無可取代的輝煌地標。
普波曼終究是奧古斯都時代地位與成就最高的建築家，
茲溫葛宮處處遺留著他的靈魂與卓傲創作眼光。

　　如果問我為什麼喜歡德勒斯登，理由很簡單，比起柏林、羅馬、巴黎那些花花之都，這城市真的不大，但是她麻雀雖小，五臟俱全；人們在古城裡不用為了從東走到西，得先花上十多分鐘走到如蜘蛛網般的地鐵站口，到了地鐵站裡，也不至於茫然地看著六、七個出口和月台卻仍摸不清方向。

　　德勒斯登就是如此單純，但她並不平凡。就算是當年以柏林為首、疆域比薩克森王國大上好幾倍的普魯士帝國，也無法輕忽薩克森斑爛璀璨、嫵媚千姿的笙歌燈影。

　　如同德勒斯登劇院廣場旁的茲溫葛皇宮，雖然只有法國凡爾賽宮的幾分之一丁點大，可是巴洛克風格的建築藝術精華全在這裡展露無遺。

宮殿的規模很人性化，就像是德勒斯登市民共同擁有的一個尊貴的花園，高貴卻十分親切。大多數人喜歡在宮殿與護城牆圍起的噴泉大花園間漫步，我則發現圓璧亭後頭一處更翠綠的秘密境地，在如碧湖的池畔邊，看著白天鵝和成群的綠頭鴨在水間遨遊，踢踏著它們的小足蹼，不時東搖西擺地爬上青蔥的草坡上歇息。寒冬之際，圍著皇宮外頭的護城河結成了冰，但就算是天氣陰冷飄雪的三、四月，仍不乏好動的年輕人在上頭溜冰刀，把茲溫葛宮變成最古典華麗的溜冰場。

　　艷夏時，茲溫葛宮一片如青銅的翠綠色；隆冬時，白雪則鋪滿了皇冠門的金頂和渠道，河消失了、草皮也消失了，獨剩一張柔若絲絨的白羽毛毯，覆蓋著因大雪紛飛而沉靜下來的幽幽古廷。

→　春季的茲溫葛宮皇冠亭
←　冬季的茲溫葛宮皇冠亭與結成了冰的護城河

中國瓷器與德國宮廷的相遇

下午兩點整，「叮叮、噹噹……」，啊，琴鐘樓（Glocken-spielpavillon）上
懸掛的兩串邁森名瓷製的純白鈴鐺，又奏起了如詩篇般的清脆樂聲。
我突然想看看奧古斯都鍾愛的邁森瓷器是如何地迷人，於是踏進琴鐘樓旁的宮殿，
逛逛裡頭的陶瓷收藏館。

　　踏上灰泥色的旋階，走進這座瓷器夢工廠，我吃驚地以為踏進了中國的疆
域！清靜高雅的迴旋廊廳裡，鵝黃色的圓柱支撐起乳白色的穹拱圓弧天頂，這一處，
懸掛了滿牆的，竟是大清皇朝的藍瓷。康熙時代的陶器藝術精髓，全到這兒來了。

　　我一方面感慨自家的中華文物怎麼飄盪到這遙遠的薩克森王朝，一方面注視
著眼前藍白相間的瓷盤大花瓶，如此富有中國味的細膩氣質，在茲溫葛宮中，卻以非
常西洋式的排法裝飾在一道又一道的純淨壁面上；當東方遇上西方，在盞盞透明水晶
吊燈下迸發出內斂的獨特美感，值得令人再三玩味！

→ 掛滿白鈴鐺的琴鐘樓
　鵝黃色的圓柱支撐起乳白色的穹拱圓弧天頂
← 中國味的瓷盤花瓶以西式的風格裝飾在純淨壁面上

這一切都起因於奧古斯都對東方文化的喜愛。他在十七世紀時透過萊比錫活躍的商業市場，從上游荷蘭東印度公司經營的遠洋貿易，大量地收購中國陶瓷，瓷瓶上的花與葉、龍與鳳，激起他探索這神秘藝術的野心。

仔細看看，不只是康熙時代的華貴器皿被收藏於此，奧古斯都還擁有清雍正時代帶點紅彩金銀色澤的陶瓷和小魚盆，宋、明兩代的逸品也有，甚至有來自日本著名窯鄉——有田地區（Arita）——的依萬里燒（Imari），和出自柿右衛門（Kakiemon）的名瓷。

陶瓷館靜得讓人不得不端起輕盈的腳步。在灑滿陽光的巴洛克迴廊間，注視著三百年前黃河長江富饒之地所蘊育的寶藏，我想像著奧古斯都如何在藝術之路上征服狂奔，才讓今日的易北河畔擁有「龍」之世界的縮影。即便是鄰國普魯士王朝的臻品，他也甘願慷慨解囊付出極高的代價，祇為換得一只纖纖美瓶。

把瓷器擺放在宮廷壁面的構想，最初也源自奧古斯都個人的計畫藍圖，雖然最後未如他所願地保存在日本宮（Japanese Palais）中，但經過二次世界大戰還能把這群寶物留下來，也算是難能可貴了。

→ 茲溫葛皇宮內的陶瓷收藏

走到更幽深的大廳裡，透亮的自然光，灑落在純白的奧古斯都瓷器雕像上，成了整個空間的焦點。國王騎在奔騰中的駿馬背上，手持著韁繩彷彿駕馭天下，在其腳下，美麗的天使與女神伴隨在旁，完全展現了統治者的雄姿。位於德勒斯登新城區中央大道上近河堤盡頭的奧古斯都雕像，就是這座雕像的原創。

　　既然在自己的宮殿裡，怎能不歌頌自己的豐功偉業？邁森瓷器的研發成功，是薩克森王國最傲視歐洲的功績之一，雖然這裡展出的邁森瓷器規模比原產地的博物館迷你些許，但量雖少了，質卻更精，依舊讓人看得目眩神迷！纖細的人偶擺飾，穿著昔日日爾曼宮廷男女貴族的華服，偕坐在古典沙發椅上，配寶劍的男人吹著橫笛，仕女則散開了長尾裙擺彈奏著樂器……還有，綠樹下穿著長靴的男孩，親吻身旁超凡脫俗的美女之手，旁邊成群的小乳牛與白綿羊，伴隨倆人徜徉於草原之上……欣賞了名瓷之後，我呼吸著空氣中的透與澈，神遊尋訪到上古的中歐世界。

　　然而，隔著反映著中國明清花瓷盤的前庭玻璃，窗外再怎麼看，也不是氣勢恢宏的紫禁城；茲溫葛宮的鳴鐘，終究清亮響起……

→　邁森宮廷瓷器技藝非凡
←　邁森名瓷用色繽紛

拉斐爾古代繪畫大師之朝聖

穿過如花瓣般的噴泉花園，踩著細碎石路，陶瓷館的斜對角宮殿裡，
聽說有個鎮殿之寶⋯⋯

這裡離杉普歌劇院最近，所以也被稱為杉普宮（Semperbau）。走過宮殿大
門前挑高的富麗穿廊，便是一片海闊天空的劇院廣場。廣場旁花團錦簇，上方垂下了
一幅大布幔，描繪著聖母懷抱聖嬰的慈愛之姿。

原來，現在這裡是古典大師美術館，許多至高無價的世界級名畫都收藏於
此，其中義大利畫家拉斐爾（Raffael）於十六世紀所繪的〈西斯汀聖母〉（Sixtinische
Madonna），便是德勒斯登最重要的寶藏。它是一七五四年奧古斯都三世特地收購所
得來的。如今博物館設計的許多紀念品上，都以拉斐爾畫中的兩個小天使為圖騰。

我帶著朝聖的心情步入宮中，那道厚重紮實的殿門，推開時可費上不少勁！
這灰泥色的莊嚴殿堂，有個覆滿繁花雕刻的天頂穹拱，在金銅色的球燈照耀下，輝煌
而柔媚。

← 藝術博物館入口充滿宮廷氣息
→ 茲溫葛宮內的古代大師藝術博物館

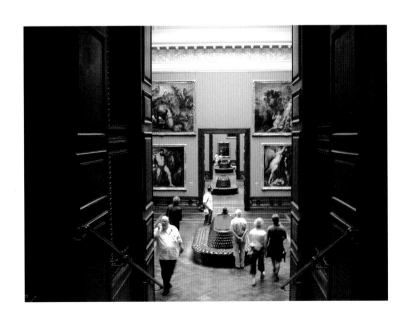

一八八九年時，Karl Louis Preusser就畫了一幅描繪德勒斯登美術館情景的畫，當時館內也是掛了滿牆的金銅框畫像，還有藝術家當場作畫，小女孩站在一旁看得認真⋯⋯現在的情境也和百年前相去不遠，濃艷的棗紅色藝廊裡，掛滿了屬於老日爾曼時代藝術家和義大利文藝復興風格的的作品。靠近外圍的迴廊中，也正好遇上了一位氣質優雅的美女現場臨摹一幅宗教畫，她右手拿著畫筆，一點一滴小心地勾勒著線條、上色，左手則持了根細木棒，好支撐她右手作畫時的穩定度。她似乎毫不受周圍來來去去訪客的影響，全神貫注地投入在畫框裡的世界。

　　走上二樓，我準備直朝拉斐爾的聖母像前進。那張震撼人心的畫作下早圍滿了特地前來觀賞的遊客；畫中帶著翅膀的純真小天使，一個趴在桌上、另一個手撐著下巴，兩個人都望著遠方的天空冥想沉思⋯⋯誰會想到這兩個小天使，竟成了今天德勒斯登的icon代表人物。

→　藝術家正在博物館中進行繪畫臨摹
←　茲溫葛宮鎮店之寶──拉斐爾所繪的〈西斯汀聖母〉

除了來自義大利的名品收藏，〈巧克力女孩〉（Das Schokoladenmädchen）也是德勒斯登最受歡迎的古典仕女圖，甚至成了古城觀光區吸引遊客的模仿扮相。生於日內瓦的瑞士畫家李歐塔德（J. É. Liotard）在一七四四年左右遊訪到了維也納，常穿著東亞歐服裝、戴著大高帽、面容清瘦卻留著濃密大鬍子的他，被一位包著粉紅蕾絲頭巾、穿著端莊蓬裙的美麗女孩所吸引；當時她正用雙手捧著小托盤，端了杯熱巧克力和一杯清澈的水，不僅神情專注，其側臉的深邃輪廓和眉宇之間，都透露著不凡的氣質。之後女孩成為畫家畫中的主角，這張畫像從威尼斯輾轉來到了薩克森；奧國的這位女子，就此在德勒斯登成為家喻戶曉的名人。

美術館的展示廳一個接一個，宮廷的窄門通道串聯起所有的空間，從熱情、令人目眩神迷的紅廳，走到輕柔舒緩的綠廳，中間還有座高起的粉紅圓殿，從上往下俯瞰左右掛滿古畫的美麗廳堂，教人幾乎忘記二次大戰後她曾面對的晦暗。戰爭時，這些源自古荷蘭時期、法蘭德斯國度、西班牙和巴洛克奢華世界的名畫，全都移到了其他安全的地方存放，甚至一度移至了俄國莫斯科，直到六〇年代，茲溫葛宮的藝廊才再度問世。

德國人很尊崇宗教畫，克拉那赫（Cranach）遺留下的作品在德東尤其受到珍視。此刻茲溫葛宮正特展他的三聯畫；之前拜訪邁森的大教堂時，也曾親眼目睹過他為過往的主教聖地所繪的宗教畫。十五世紀中古晚期，札‧弗‧艾克（Jan van Eyck）描繪人物的細緻作品，也是德勒斯登潛心研究收藏的畫作。

人們坐在美術館橢圓古典的軟皮椅上賞畫休息，吉爾吉歐（Giorgione）筆下的維納斯仍在草皮上優雅地沉睡……茲溫葛宮後方露天花園咖啡座裡的人們，正期待著可愛的巧克力女孩呈上一杯溫熱香醇的巧克力！

→ 茲溫葛宮庭園藝術
← 美術館館藏名畫

日爾曼兵器盔甲之莊嚴陣列

若非推開那扇門，我永遠不敢相信那裡竟存在著千軍萬馬……

就在古典繪畫大師美術館兩兩相望的對門中，茲溫葛宮凝聚了
中古世紀威武懾人的騎士精神。

如此陣容龐大的軍械庫，對應著前方溫柔浪漫的藝術疆界，似乎愈彰顯了薩
克森王國無限廣闊的視野和治國之方。

統治者在宮廷廣場上玩著競技遊戲，公爵們熱烈地在歐洲各地尋找完美軍
械，為了榮耀自己的威望，也為了蒐羅各國珍奇的兵器；久而久之，無形中便累積起
為數可觀的珍品了。我足足為眼前所見的古世紀軍器震懾許久……

被稱為「Rüstkammer」的兵庫博物館，神秘、壯烈、勇武、莊嚴，一具具裝
備完整的中古盔甲鐵衣，金光閃閃地在宮殿中央排成兩列大陣容；盔甲上的雕刻華麗
精細，描繪著生動的武士英姿，有的拿著軍刀勇往直前，有的騎在馬背上奮勇抗敵。
從只露出眼睛的全罩頭盔，保護全身胸腔、肩頸、腿部、甚至每隻手指頭的紮實盔
甲，讓人猶如看到奔騰於黃沙原野上的武士，帶著銳利的盾牌武器，跨越河川和山
嶺，在日爾曼的沙場上勇敢奮戰。

→ 兵庫博物館

無論是亞伯特公爵的收藏嗜好，還是更早以前勇者亞伯烈特（Albrecht der Beherzte）創國之初的雄心大略，他們的精神好像還附著在每一把刀劍之間。也許是遠征，也許是狩獵，十五世紀以來的騎士競賽對皇族來說，平時是娛樂節目，征戰時就變成了捍衛國土的謀略技術了。

　　玻璃櫃裡排滿纖細的長刀劍、中世紀的釘頭錘和晚期的步槍、手槍，還有各種斧類；某些劍的手把上還鑲著奢華的紅寶石，劍套更裝飾得珠光寶氣，教人怎能不讚嘆當時王公貴族的富裕榮景……

　　過去德國中古世紀的王侯最喜歡「馬上比武」，當我走向軍械庫的後方時，就看見這麼兩具造形逼真的模型──全身勁裝的兩名騎兵坐在左右對峙的駿馬上，手持長矛正在激烈纏鬥；其中一匹馬穿戴著繡上王國徽章的紅色織布，另一匹則是星辰圖案，武士們除了盔甲外，還頭戴花彩羽冠。雖是格鬥，出場的妝扮卻也華麗至極！

　　有趣的是薩克森王國也打造了非常多的小王子盔甲衣，迷你的縮小版高度，現今看來還真像孩童們化妝舞會的造型服裝。二〇〇六年德國主辦世界盃足球賽時，軍械庫特意應景地將現代球員的面罩與護具放在入口處，頗有古今對照的趣味感。

　　我穿過金冠門下的小木橋，在碧綠的護城河畔席地而坐。眼看這座堡壘，沒有繁複的綴飾，在這混雜著破舊共產世界遺留的公寓旁、奔放亮眼的時髦巴西餐館前，茲溫葛宮依舊保持她貫有的脫俗氣韻，猶如從未隨著時代紅塵的翻滾，而改變過一絲一毫……

→　玻璃櫃中展示著各式各樣的刀劍武器
　　中古世紀的「馬上比武」競技
←　小王子盔甲

百年復古
易北河豪華蒸氣艦隊

二〇〇二年八月，易北河嚴重水患，幾乎淹沒了整個德勒斯登。
河水日夜暴漲的速度驚人，當時水位每小時上升多達十五公分，
造成百年來最大的水患。
茲溫葛宮忙著搶救古典巨匠藝術博物館（Alte Meister）中的名畫，
尤其是拉斐爾的〈西斯汀聖母像〉，那是最不容侵襲的鎮地之寶。
有的市民被迫遷居，有的被動員去協助市容重整，有的則失去了生命……

德勒斯登在這場天災中，無疑承受了沉重的經濟損失。無論在人力、物力、
時間表上，東德的重建已夠艱辛了，突如其來的天災，更使這座城市雪上加霜。可以
想像德國總理施洛德和薩克森邦首長們頭痛欲裂的表情；原本平衡東西德的區域落差
已是個停不下來的重責大任，偏又多了個賑災的苦差事。水患善後的經費，該從哪裡
來？其實這場洪水影響之鉅，受苦的不只是德國，連奧地利、捷克最美的首都布拉格
與皮爾森等，都成了一片汪洋。所幸，歐盟的存在，能夠幫助同病相憐的鄰國們，同
心協力走出黑暗。

位於薩克森邦北方的托高（Torgau）小鎮，也無法從這場水患中倖免於難。
那裡曾是第二次世界大戰尾聲時，美國與蘇聯軍隊東西戰線匯集的相遇點，他們就在
易北河的殘橋上，彼此握手擁抱，帶領戰爭走向終點；這項紀事，在歷史上即稱之為
「Elbe Day」──以這條貫穿德東的河流為名。不過二十一世紀初的這場洶湧水禍，
可真讓矗立在河畔的哈特斐斯城堡為之驚慌失色！

二〇〇三年夏季，我和住在皮耶拿（Pirna）的朋友聊起了此事，她說洪水當時也淹及了皮耶拿，等到大水退去，房裡的牆壁上都還留著水痕，造成屋舍結構上下不同的顏色。我想起市鎮中心某棟建築牆角邊，畫著一條條細小的橫線，旁邊個別標明著西元年份和高度——那正是數百年來，每一次易北河氾濫釀災時最高水位的紀錄。有天我走到皮爾尼茲城堡的水宮（Wasserpalais），在面對易北河的門廊牆上，也發現了類似的記號，標示著一七二三年之後每一次水災的高度。算一算，似乎每隔六十年左右，易北河就會大舉肆虐一番。

很多德勒斯登的居民都曾加入這場整頓市容的賑災活動。一位銀行行員回憶說，水災期間，他曾連續幾天在下了班之後，就馬上趕到易北河畔幫忙搬沙包、堆沙包，好堵住洪水進入市區，可惜經常徒勞無功，隔天河水立刻又暴漲了起來！

好在如今城市裡已完全看不出三年前的困境，反而蛻變得愈來愈亮麗！水災當年的新聞紀錄攝影作品，後來都成了在書局中展售的風景明信片和專書。最讓我印象深刻的一張照片，是從高空俯瞰茲溫葛宮的景象——皇宮中間設計優雅的法式花園已完全消失，取而代之的，全是一片紅褐色、挾帶污泥的河水，僅剩下橢圓形的宮殿浮在水中……

古城區亞伯庭旁易北河畔的Terrassenufer碼頭，停靠著世界上歷史最悠久、規模最大的薩克森明輪翼蒸氣船艦隊（Sächsische Dampfschiffahrts），它們日復一日地帶領著人們，盡覽易北河的絕美風光。二〇〇三年的夏天，我到這家輪船艦隊的公司拜訪，和他們的管理總監 Mr. Lohnherr 聊易北河。他很親切地向我介紹船隊的經營歷史和服務，也語重心長、帶點打趣語氣的口吻跟我說，很無奈今年（二〇〇三年）的水位太低、水太少，而偏偏去年（二〇〇二年）又是離譜的大水患，讓他相當苦惱！他期望二〇〇四年時，不要多、不要少，能維持「normal」的水準就好。

我常走到卡洛拉橋畔，欣賞德勒斯登的古城風景；偶爾，倚著橋墩、托著臉頰，讓頭腦放空、沉思一下，順便藉以觀察遙遙相對的奧古斯都橋，看看橋下與河面之間的距離，來感受那些日子的河水高低。看來，Mr. Lohnherr的願望實現了，此時一艘艘有著蒸氣管的遊船，隨著微風輕波，依照時刻表，準時地載著人們啟航。

→ 古城區易北河畔的蒸氣艦隊

找了個風和日麗的星期六下午，我準備搭上其中一艘薩克森老明輪翼船。研究著他們的船期出航時刻表、停泊地點……本想探險式地從德勒斯登一路往東南坐到捷克邊境的德欣（Decin）；實際點，至少也能搭到國王城堡（Festung Königstein），到附近看看薩克森小瑞士（Sächsische Schweiz）的迷人風光。然而船票實在不便宜，索性決定先坐火車前往皮耶拿，再從那兒搭船回德勒斯登，稍稍滿足一下乘船的樂趣。

　　這裡共有約十三艘船，幾乎都以薩克森邦的城鎮為名，例如：德勒斯登號、萊比錫號、邁森號、拉森號（Kurort Rathen）、巴德香島號（Bad Schandau）……等等。我搭的那艘船無疑稱做皮耶拿號，它的建造時間可以回溯到一八九八年、十九世紀末。不過，當中歷史最優久的輪船，應屬建造於一八七九年的 Stadt Wehlen 號。仔細想想，這些船著實是群老爺爺級的骨董水上交通工具！

　　當船要從碼頭邊啟航時，「噗噗！噗噗……！」高大的煙囪吐出了白得像棉絮的蒸氣，所有的乘客都歡呼著要出發了。船艙裡坐滿了人，服務生忙得很，準備招呼客人們看風景時想喝的啤酒飲料。豪邁的德國人邊喝邊唱起了歌來，不時還跑到甲板上迎著風、隨著蕩漾的水波左右搖擺。穩重的骨董船載大家輕盈地、悠揚地朝易北河上游古樸靜謐的城鎮前進。

　　沿途，易北河的曼妙風光盡入眼簾，皮爾尼茲城堡附近的河堤旁，覆滿綠意盈盈、排列得井然有序的葡萄園。河邊一個接一個的露天啤酒花園，拜這自然美景之賜，吸引了許多遊客前去飲酒作樂，享受悠閒愜意的午后。

　　薩克森老明輪翼船帶著我經過了靠近洛什維茲的亞伯瑞茲堡（Schloss Albrechtsberg）、林涅宮（Schloss Lingner）和艾克堡（Schloss Eckberg）三座優雅古堡；引我領略了藍色驚奇大橋的壯觀，看那陽光穿透編織交錯的鍛鐵縫隙……它使我相信，即使在冰冷冬季，一旦靄靄白雪落在峭壁樹林和皇宮飛簷上時，銀色水鄉美景仍能教人感受真實的平靜。

　　想獨自一人隨著船兒遨遊，當作是自己的孤獨時刻，最好的隱身之境。等待易北河面再度結冰，穿起冰鞋，隨著變奏曲，忘情迴旋……

→ 滿載遊客的傳統蒸氣船艦
　　沿岸的露天啤酒花園

綠拱頂

德勒斯登是座充滿文藝氣息的城市，
有關古典、民俗與現代藝術的博物館四處林立；
百年皇宮的歷史空間，搖身一變都成了無可取代的高貴展館。
其中最知名、且令我印象深刻的展覽，
莫過於「綠拱頂」（Grünes Gewölbe）。

什麼是綠拱頂？起初我也不解。
後來才明白，一切都與一群珍寶的原始存放地有關。

十七世紀末左右，強人奧古斯都與他的兒子開始在德勒斯登王宮（Dresdner Schloss）裡，打造一座金銀閃爍的珍奇珠寶藝術世界，由於他們將所有的寶物都放置在綠色的地窖廳內，因此後人遂稱這批無價的收藏品為「綠拱頂」。

綠拱頂還有段漂泊異國的流浪記，發生在二次世界大戰之際。當時，由於戰事發生，基於安全考量，它們全被移往了蘇維埃聯邦；直到一九五八年後，才再度運回德勒斯登的亞伯庭存放，一放就是長達四十年的光陰。

我參觀過這項展覽兩次，一次是在二〇〇三年的夏天，那時綠拱頂仍在亞伯庭博物館（Albertinum）展出；第二次則是等到二〇〇四年九月，綠拱頂伴隨著德勒斯登旅遊局安排的訪問團，終於返回了它原本的棲身之地——德勒斯登王宮。這項展覽重新揭幕的新聞，掀起了好一段時間的民眾參觀熱潮；不過，在此之前，它也已吸引了上千萬名的參觀者，所在地成為當地人氣最旺的古典博物館。

　　綠拱頂在王宮一樓西廂的展館，偏向現代摩登風格，有別於在亞伯庭的時代。我跟著規劃展覽場地和研究該文物的學者們一同參觀，聆聽他們鉅細靡遺地解說每項精品中所蘊含的歷史和故事。

　　學者們向遊客解釋，為何要採用三百六十度四面透明的玻璃櫃來展示某些寶物，用意是在讓珍品每一面、每個角度的特色、美感、細節，都能完整地呈現在觀者眼前，一覽無遺。至於我們看不出玄機的展場背景，也都曾經過刻意、謹慎地材質挑選，以避免背景材料可能隱含之毒素，傷及了那些纖細精緻的珍寶。每個看似平凡無奇的小角落，其實都有專家們的專業和苦心。

→　綠拱頂珍寶棲身之地——德勒斯登王宮

奧古斯都家族的收藏為數可觀，林林總總擁有多達一千零二十件十六至十七世紀的珍貴珠飾。在亞伯庭博物館時，還尚未能全數展出。這位薩克森王遺留給後世的每件作品，皆堪稱舉世無雙的藝術傑作，觀賞過的人，無不為之讚嘆。德勒斯登非常驕傲能擁有這些稀世珍寶，它們不僅美麗，同時更反映了這城市最輝煌富裕的巴洛克時期。

奢華，竭盡所能地奢侈華麗；雕琢，費盡心思地精雕細琢！象牙、貝殼、珍珠、彩色寶石、黃金、純銀、琥珀……等，全為塑造藝術品的貴重裝飾。

博物館中，最令大家移不開視線的，便是由宮庭藝師丁凌格（Johann Melchior Dinglinger）於一七〇一至一七〇八年間所完成的〈德里的宮臣〉（Der Hofstaat zu Delhi am Geburtstag des Großmoguls Aureng-Zeb）。那迷你的小人國世界，運用了上千顆珠寶及亮彩琺瑯，做出金光閃閃的小宮殿和百餘個栩栩如生的人偶塑像。人物的形象服裝，展現強烈而豐富的中南亞異國色彩，尤其一只由四臣子抬著的皇帝座轎，更是展露濃濃的印度莫沃兒帝國皇族味兒！

另外還有座高九十六公分、寬約七十六公分的金色咖啡器組（Goldene Kaffeezeug），同樣出於丁凌格之巧手。這是一六九七年專為奧古斯都一世設計的器皿，幾尊典雅的白色人物雕像點綴其中，使得黃金底座和彩繪咖啡杯顯得更加亮眼。不知道奧古斯都是否曾真的用過這杯子喝咖啡，倘若你我是他，恐怕只捨得看、不捨得用吧！

館內的某個角落，擠了許多人在那兒聚精會神地注視某樣東西，還不停地嘖嘖奇。原來是一只微小櫻桃核雕刻成的藝術品，觀者必須透過放大鏡，才能看清楚在它上頭刻劃的真功夫。其餘，諸如象牙所做的大型護航艦、一五八五年紐倫堡（Nürnberg）蘇菲公主的精緻寶貝盒、可能由Bernardo Buontalenti設計的佛羅倫斯古典瓶……無不是價值連城的博物館館藏。

綠拱頂寶物的藝術成就非海水可斗量，精彩得讓人大開眼界。二〇〇六年夏末，邁入建城八百週年紀念的德勒斯登，再度重新安排綠拱頂的展場，將之從王宮一樓移往西廂的原歷史收藏地。往後，綠拱頂應該能就此安定下來了……

聖母教堂光芒再現

自德國統一後，二十一世紀的德勒斯登又再次改變了，這回重大的轉折點，
就從二〇〇五年十月底，聖母教堂的正式落成慶典開始……

　　三年多來，看著古城裡的聖母教堂日以繼夜地進行著重建工程，
眼見教堂身上的鷹架愈來愈少，從建築的半腰際，漸漸地愈來愈高，
直到只剩圓頂被遮蓋著，最後終於露出如鈴鐺造型的著名塔頂。
心中著實慶幸自己能親眼看到聖母教堂的重建完成，有感嘆，也有無限的感動。
德勒斯登市民似乎也全都興奮了起來，
一到週末，大家無不抽空紛紛湧入古城區親臨感受。

　　這個二次世界大戰的灰黯場景，終於在六十年後走出來，重新邁向充滿陽光朝氣
的舞台，展現足以媲美西德的活力和熱鬧氣息。
瞬間，過往的悲情色彩褪去了，取而代之的，是嶄新活力的灌注。

Wiederaufbau，這個看來艱澀冗長的德文單字，在我剛踏進德國領土時，實難領悟它的真義，直到此時，才在我腦海裡有了清晰的意義！Wieder，再一次；bau，建設。長達十二年的命運與光陰，聖母教堂都與這個字連結在一起。

　　早在一七二六至一七四三年間，建築師喬治・貝爾（George Bähr）便設計了這座優雅完美的聖母教堂，百年來，她一直是市民的精神寄託所在。然而一九四五年二月十三日那場無情的盟軍空襲，使她一夕倒下……此刻聖母教堂的再現，就像聖母降臨般感動人民，當然也勾起了戰後生存者的追念。

　　兩年多裡，每晚打開電視機，總三不五時地能看到當地電視台製作的、關於聖母教堂重建的歷史性節目，尤其在這二〇〇五年底的落成時刻，特別節目更是成天整夜地播放。

　　我們不得不承認，教堂能再次屹立，的確是個建築奇蹟。她耗資了高達約一億八千萬歐元的重建經費，令人咋舌！大多數都是經過國際募款而來，尤其美、英兩國的社會團體給予最多的支援；這雖無法彌補二次大戰空襲時於德勒斯登所造成的傷害，但仍使德國和英、美之間的關係逐漸走向和解，特別是重新冠於教堂塔頂上的金色十字徽（Turmkreuz），就由英國民間所捐贈。至於被炸毀落地的原徽，則放在教堂的中殿大廳裡，永久保存，提醒世人記取教訓。

→　夕陽輝映下的聖母教堂
←　二次戰後仍在重建的聖母教堂

二〇〇五年的秋末，艷陽高照，萬里無雲。德勒斯登就在這樣的好天氣下，進行了三天的「Fest der Weihe」落成慶祝盛典。潔淨的藍天，襯得聖母教堂一身莊嚴軒宇的姿態！

為了見證這重要的歷史時刻，我也不例外地加入了人群之中。古城裡，滿街早已佈滿政府出動的眾多警力，以及一群圍著紅領巾、專程來幫忙維持秩序、回答遊客問題的年輕義工，負責管制從早到晚不斷湧入的參觀人潮。交通博物館、希爾頓飯店前、王侯馬列圖旁的廊道……，處處皆設起圍欄封鎖，強力控制著人潮的出入。想要接近教堂，還得迂迂迴迴地走著。開闊的新廣場前、緊鄰教堂的馬丁路德雕像腳下，滿是基督新教的忠誠信徒，與特地來朝聖的子民。

或許是因為秋意爽朗、艷陽普照，古城區內異常熱鬧，聖母教堂的落成歡慶更顯光芒耀眼。穿著白色禮服、如新娘般的漂亮女孩，在廣場上義賣有著聖母教堂圖騰的紀念品；古典造型的「巧克力女孩」也不甘示弱，圍著粉紅頭巾，發送戲劇表演傳單。

德勒斯登最大的電視台MDR全程衛星轉播落成慶典活動。主播和攝影記者群在廣場間穿梭，訪問來自四面八方的遊客和當地人民。非常巧合地，在我拿著照相機紀錄聖母教堂的美麗姿態時，記者居然找上了我。

她用德文夾雜著英文的方式訪問我：
「請問妳是特地來此地觀光，參與聖母教堂重建完成的慶祝活動嗎？」
「不，我在德勒斯登住兩年多了！」
「那妳對聖母教堂重建有什麼感想？」
「妳對此感到非常高興嗎？」記者接連地問道。

其實，無論我的心情多麼興奮，最開心的應當還是德國人。聖母教堂的重現，是具有歷史意義的，她本屬德勒斯登高雅聖潔的一角，戰爭無權剝奪她的存在。德國人的歡欣，我感同身受；在這些共同生活的日子中，週遭的一景一物，也都有我的情感灌注其中。

→ 今日的聖母教堂乃由新舊砂岩石塊相間築起
廣場上古典造型的「巧克力女孩」正在兜售紀念商品

新選出的德國總理梅克爾和即將卸任的德國總理施洛德，兩人都來到了德勒斯登，參加隆重的落成禮拜。

　　聖母教堂合唱團正唱著莊嚴的聖歌。樂聲中，年輕代表們一步一步將教堂內重要的物品如十字架、聖杯、燭臺⋯⋯等，一一放上聖壇。那座於大戰中被炸落的十字徽頂，縱然形體已如枯萎的花，依舊被視為殿堂裡不可或缺的聖物。搖曳的燭光在它下方，凝聚著光明的力量。

　　從天頂俯瞰教堂中殿，內部宛如盛開的花朵，有著瑰麗的圓花瓣，一片連著一片。新的教堂管風琴開始啟用，樂聲莊嚴肅穆，悠揚動人；教堂外，密密麻麻的人潮填滿了每吋土地，場面極為壯觀。

　　回溯一九九三年，聖母教堂的遺骸僅剩左右兩片不成形的立壁，矗在碎石瓦礫間。藝術家、工匠、建築專家、政府支援、經費⋯⋯，無不關係著它的重建。若沒有聖母教堂，德勒斯登的天際線將無法完整。

→　聖母教堂管風琴
←　壁畫瑰麗的聖母教堂天頂

一九九三年一月，工作人員終於在挖掘整頓過程中，找到了教堂頂原有的十字徽章。那原本金光閃耀的聖物，變成了一塊廢鐵，灰敗、黯淡無光……然而，這塊珍寶仍然必須永遠保存，它是德勒斯登人民的精神依託。

建築師們拿著細密的教堂平面工程圖，對照著比例尺，開始重建工作。大型的怪手，協助清理二次大戰中受砲火炸落的石塊。管理室裡，一格格的鐵架之間，蒐藏著因為整理遺跡而拾獲的物品。這段時間，每年聖誕節時，聖母教堂廣場前都有神父祈福，人們各個手持燭光，隨著祥和樂聲，祈求平安。

重建工程正式於一九九四年左右開始，工作人員在石塊中放入時空膠囊；也許百年後，子孫可以從這個銅罐中，讀到我們這個世紀發生的種種。投注了一千一百萬馬克的重建工程開始動工了。工程師們手持電筒，日夜向下探測，深入地窖根基，尋找重要遺物。古老的影片膠捲，就這麼找到，經過專家整理後，或多或少仍能讀出些片段資料。

地底好深……傷害亦然。直到一九九五、一九九六年間，地基底層差不多修復好了。地窖的小型音樂會逐漸展開，國際募款持續進行。

絲巾、瓷盤、錫製啤酒杯、T恤……等各類帶有募款性質的商品，逐漸受到矚目，其中錶面內含聖母教堂真跡小石塊的手錶，是最有質感的紀念商品之一。但無論你買了什麼，價格中的一部分必定會奉獻給聖母教堂。

→ 人們在教堂中點燭許願
　 二次大戰時殞落的十字徽頂

等到一九九九年，聖母教堂的外牆已築到二十四公尺高。藝術家開始著手教堂內大小雕塑的重整。五年後，教堂外觀全面修復，金色十字徽吊上天頂時，有成千上萬的民眾前來共襄盛舉；神父帶領大家穿過皇宮廣場，將花車上載著的教堂組鐘掛上，慶賀氛圍逐漸蔓延。

　　教堂的重建，仰賴許多沉重的幕後工作。工匠們用音叉一邊敲琢教堂組鐘的邊、一邊調音。協助修復教堂七彩穹頂的藝術家，對照著過往留下的黑白照片，仔細推敲、描繪天頂壁畫；他們搭起木臺子，時而坐、時而躺下，觀察比對自己的筆繪與原圖是否吻合。至於殿內浮雕的部份，除了古典花紋的塑型完美，之後還得小心翼翼地貼上金箔；工匠們得將手中的薄片金箔，切成一條條，再貼於雕像表面；修整過程中，金箔餘屑如星星般地，掉落在藝術工匠白灰灰的長鬍子上……

　　重建的過程備極艱辛，集結各界菁英協助。最困難的是，要讓新興的建築體既維持原本的面貌，又具有現代未來的實用性。我們不得不佩服德國人對古蹟維護重建的精神——他們花了很長的時間，整理收集被砲彈炸落的教堂石塊以再次利用，偕同新採集的薩克森特有砂岩，兩者一磚一瓦地一齊交錯，崁入新建的教堂外觀結構中。所以，現今聖母教堂的面貌，夾雜了深淺色澤，深的為舊石、淺的為新石；然而再度地，她是全世界最完美的巴洛克式教堂之一！

　　某晚，看到電視台製作的一段給兒童看的影片，幽默詼諧的卡通動畫，描述聖母教堂被一隻龐大如恐龍的怪獸給推倒了。當中的影射意義頗令人深思。在戰爭中，究竟誰是那隻大怪獸呢？

　　滿面皺紋、白髮蒼蒼的東德老奶奶，來到聖母教堂前，在馬丁路德雕像下，放上一束新採的美麗鮮花。她宛如回到戰爭前熟悉的故鄉，臉上洋溢著滿足安心的微笑。這一刻，我相信，眾人為重建教堂所付出的心力，都值得了……

→　殿內浮雕美麗的金箔

三一教堂裡的老石頭

十一月初的天氣，陰鬱濕冷，秋葉已紛紛落下，
乾枯褐黃的葉子鋪在還帶著點綠意的草地上，似乎於隆冬降臨的時刻，
仍奮力地表現生命最後的掙扎。

這天，是薩克森邦的「Buß-und Bettag」（懺悔祈禱日），德勒斯登所有人都放假。走到約翰城區（Johannstadt）附近，望著安靜佇立的三一教堂（Trinitatiskirche），四周只有點滴小雨聲，卻彷彿讓人聽見隆隆砲響……

好多次都想走到這裡，卻一再地擦肩錯過。它之所以引起我的注意，恐怕是因為那張破碎又美麗的臉……。Trinitatisplatz廣場上的三一教堂，在二次大戰時被轟掉了頂，中殿僅剩下了外牆與樑柱支架；然而慶幸的是，它依舊優雅如昔。或許是因為那遺留下的半圓型曲牆，在戰後仍突顯了它原建築體的特點。

現在德國人都以「三一教堂殘跡」（Trinitatiskirchruine）稱呼它。好在，教堂大門和上方的尖塔依然屹立；「KOMMET HER ZU MIR」（來我這裡吧）！門頂上這麼明明白白地寫著上帝對人們的呼喚與疼惜。

過去莊嚴肅穆、半明半暗的教堂大廳已逝，現在成了空空蕩蕩的露天小庭。看那紅褐色的老壁柱上，仍存在著刻畫細膩的雕飾。這是除了古城區聖母教堂之外，另一處被炸毀的宗教聖址，它們命運相連，惺惺相惜；二〇〇五年，就在這裡展示著聖母教堂的遺跡！

三三兩兩的人們漫步在這沉靜的空間，欣賞著空空蕩蕩的教堂大殿內排放懸掛的石製藝術品。那些乍看毫不起眼的石子，有深有淺、凹凸不平，最後卻排成了有組織、有架構的形體，像幅巨畫、像徽誌，也猶如抽象得不能再抽象、純粹得無法再純粹的裝飾品。

後殿那頭，走來一位頭髮微微灰白的老人，親切地對著我笑。他指引暗示我後方有更多石子做的東西；不要輕視這些碎瓦細石，也不要忽視它們的眼淚和哭泣的聲音……，我們可以透過這些無生命的物體去反省生命；這些砂石，全來自曾遭二次大戰戰火襲擊的聖母教堂！

幾百年的歷史，寫在這冷硬又堅毅的質地裡。老人對我說，「在這大石頭上方，加個帶缽的銅鐵支架，就成了燭臺！」「這塊圓石，放在木質的方畫框中，它就有了日本風的味道。」老人的名字是萊因哈德・彼・基里斯（Reinhard P. Kilies），正是重新賦予這些碎石新生命的藝術家。

　　二次大戰結束後的第二年，基里斯在薩克森的邦林姆巴赫（Limbach）出生，青年時期到萊比錫大學研究藝術史和浪漫主義，之後成為自由創作的藝術畫家。他經歷過DDR東德年代，所以聖母教堂的重建，對他也意義深遠；那些別人眼中的教堂碎石，在他手中成為值得再保存的美麗物品！薩克森的砂岩、教堂的遺跡，比購物大道上教人眼睛發亮的高級骨瓷還要意義非凡。

　　一位同來參觀展覽的婦人和我們聊了起來，秀出她腕上的手錶。原來，她所戴著的，正是為了替聖母教堂募款而特別設計的紀念錶。圓型錶面上鑲了四片切割成弧形的石塊，都是從教堂的遺跡中刻意保留下來的。

　　離開三一教堂前，基里斯送給了我一塊如手掌大的扁平小圓石。他跟我說，這也是過去聖母教堂底部的原石。我凝視著手中的石頭，再回首向他道謝告別，如同從他那兒，帶走了一片德勒斯登珍貴又悲情的歷史部份。

　　時間如流沙，再怎麼凝望，也望不回過去。然而，或許你我都能改變些什麼，好將純真過去，帶進未來……

顛覆新城──藝術廊街

藝術廊街（Kunsthofpassage）是德勒斯登新城區的彩虹夢境；
她在混亂中尋求美學均衡，於放肆氛圍中延展色彩調和的秩序。
代表著新城的藝術與異數，廊街之摩登進行式，
如夢般地構築在早期巴洛克民宅區中⋯⋯

晴朗卻寒冷的的深秋週末，該漫步在河邊，欣賞楓紅葉黃的美景，
還是躲在暖暖的咖啡廳裡，享受一杯熱騰騰的咖啡？
掙扎許久，我還是選擇逃避刺骨的低溫，冒著可能錯過入冬前最後美景的風險，
來到藝術廊街附近的 El perro borracho 西班牙咖啡館，啜飲一杯香醇的咖啡歐蕾。

咖啡店中，暈黃的燈光和餐桌上的燭溫，予人一股自然而暖和的溫馨氣
息。有的人在這兒吃著起士百匯配白酒，有的則湊和著白麵包、細細品嚐一碟
Tapas 橄欖輕食，作為犒賞自己的午后點心。

不知經營這家咖啡店的店主，究竟是何等生性浪漫之人？音樂、光線，
吧台、酒瓶、木桌、咖啡香⋯⋯空間中的每個元素，皆透露著柔軟卻又略帶奔放
的舒活情調。沒有人能抗拒置身其中，隨性地看書、寫日記、思索、作白日夢、
談情邂逅⋯⋯難言的風雅韻味，吸引過多少文人雅士在此啜飲著咖啡、抽著香煙
雪茄，沈浸在哲學性的思考之中？

窗外這條充滿多國情調的藝術廊街，背景頗耐人尋味。多年前，從 Alaunstrasse 街 70 號、直通 Görlitzer Strasse 街 23 號和 25 號的老住宅區，進行了一場大規模的建築翻新；而這大刀闊斧的「銀杏改造計畫」（Ginkgo Projektentwicklung），也使得「銀杏」——這個德國文豪歌德摯愛的扇形植物，對藝術廊街產生了象徵性的意義。歌德曾寫下〈二裂銀杏葉〉（Ginkgo Biloba）美詩，訴說內心深處的詠嘆，蘊含著愛情的真摯。

在經歷一段多國生活的豐富旅程洗禮後，銀杏重建計畫的負責人 Tankred Lenz，自西班牙名建築家高地（Antoni Gaud）的作品中，看到了這塊商業地帶的未來；他期望歐洲地中海畔的悠閒城街、猶若柏林哈肯瑟庭樓（Hackeschen Höfe）的美感，都能以嶄新的方式融入德勒斯登的新城住宅區。隨後，如火如荼的藝術競賽為之起跑；藝術家們的任務，無不在於促使廊街的新誕生，能造就一幕幕獨絕非凡的庭園場景。

出生於德勒斯登近城坎姆尼茲（Chemnitz）的設計師 Arend Zwicker，不按牌理出牌地，以簡約之風贏得青睞；變形庭（Hof der Metamorphosen）單調的兩片長葉，就像鋼琴 C 大調第一個音符發出的基本旋律，平板、明朗、沒有意外驚喜，但卻怎麼也少不了它的調和平衡。其餘的中庭迴廊，無不極盡誇耀式地、天馬行空地揮灑賣弄顏色；例如「光雨庭」（Hof der Elemente），飽滿的天藍與亮眼的鵝黃，都成了住宅牆面的新色彩，加上金屬與銅館內的輕盈水流聲，幾乎吸引了每個過客的目光，忍不住靜下來傾聽。

→ 光雨庭
← 變形庭

一旁青草綠的動物庭（Hof der Tiere）中，長頸鹿可成了主角。這裡的噴水池前，有個以中文「福」字為名的漂亮禮品店，裡頭擺滿了各種可愛擺飾，隱約有一種探索東方「風水」的氣氛。它或許是這個地帶最門庭若市的藝術商家，但是其他同樣風格獨具的手工藝品店、攝影館、創意禮服店、骨董文物舖……，也都各自睜大了眼兒，歡迎充滿好奇心的訪客。

　　坐在屬於怪獸庭（Hof der Fabelwesen）一角的咖啡館內，望著外頭壁畫上的紅火龍，猜想牠們到底在互相嘶喊些什麼？創作者 Viola Schöpe 將超現實的意象，以及帶著童詩幻想的奇異畫面，在七彩磚瓦的集湊中淋漓呈現。那些繽紛的磁磚，都經過 Viola 的精挑細選，她甚至特地從義大利和葡萄牙進口最適合的磚款。其中的金色磁磚，更來自德國名瓷製造工廠邁森。創作的細部之用心，並非走馬看花的人所能領略。

　　廊街理想的落實，最大的受惠者無疑是建築住宅裡的居民。從竹籐陽台探頭而出，所見所聞，盡是創意之讚禮。有時候走到此地，會教人誤以為從此處便踏出了德國；沉浸在巴塞隆納的熱情氣氛裡，遇見南法的向日葵甜草，看到巴黎的露天咖啡座，倚在翠樹青竹的林蔭下！

→　動物庭
←　怪獸庭

閣樓上的浪漫主義

奧古斯都一生追尋疆國氣勢之豪壯、都城建築之富麗；
易北河畔的金騎士銅像，代表著德勒斯登子民所寄予他的無限追思與感懷。
古城彼方新城區的浪漫、尊貴，就在他空前的魄力和眼界下，紛飛起舞……

　　德勒斯登的城市藍圖十分簡潔鮮明，易北河的左岸是「古城－Altstadt」，
右岸是「新城－Neustadt」，一新一舊，似乎很容易就看出兩者之間何者年代較久遠；
然而弔詭的是，發展上真正古老的地方，卻是今日人們口中所稱的新城。

　　這並不是在玩文字遊戲，新城之所以比古城老，
是因為一六八五年之際，原本名為「老德勒斯登區」（Altendresden）的右岸發生了大火，
燒毀了城都，經過重建之後，始被稱做「新城」。

　　　　而一二一六年時，老德勒斯登區的對岸也已開始發跡，隨著古典宮廷、城
垛的擴建，易北河上的奧古斯都橋連結起左右風格截然不同的世界。現在外新城區
裡的建築，仍保留著許多十九、二十世紀風雅細緻的整齊宅第。許久以前，這裡
曾是高尚的住宅區，現今風味一轉，街坊巷弄間燈紅酒綠的酒吧、時尚餐館、藝廊
……，凝聚出猶如紐約蘇活區的強烈奔放和嬉皮情調！亞勞街（Alaunstraße）上
滿牆詭譎、繽紛的塗鴉，與那滾動在緩坡巷徑中的破碎酒瓶、煙頭，好像也隱隱地
宣示、吶喊著這裡狂妄不羈的青春主張。

秋天，搭著日本宮附近的摩天輪，我一躍升往德勒斯登的高空。眼看筆直的奧古斯都橋與濃郁樹蔭覆蓋的美麗中央大道（Hauptstrasse）連成一線，左岸頂著主教堂的城堡廣場，右岸則遠遠銜接起亞伯特廣場（Albertplatz）。在德勒斯登，如果搭電車轉車，大約有六成以上的機率會經過亞伯特廣場，這裡是最好、最迷人的市區轉接點，你可以從這裡往東南西北任一方向再出發。在此候車的人們，總會坐在木椅上欣賞著羅伯特‧迪茲（Diez）創造的兩座華麗大噴泉，左邊的名為「波濤洶湧」，右邊的名為「一潭止水」。雖然兩者的名字意境相差很多，但總讓人覺得兩邊的水似乎永不停歇嘩啦啦地奔騰湧現，只有冬季即將下雪之際，噴泉才會暫時蓋上蓋子，停止轉動。

　　隔著亞伯特廣場，包岑街的街角上有個十分引人注目的迷你圓亭，金光閃閃，像個小皇冠般優雅；仔細探究，才知道她是個泉水不斷的小湧泉。據說這裡的泉水非常有益健康，可以供人飲用。夜晚昏黃的造景燈光將小湧泉打造得透亮動人。待時序走到西元二〇一一年時，這座古典圓亭可就一百歲了。

　　雖然路易森街裡的新城顯得前衛自我，但內新城區（Inner Neustadt）中央大道那頭卻出人意表地寧靜高雅。夏天時，大道中央從地底冒出數十個細水噴泉，高高低低地，停歇後又突然冒起、冒起後又停頓……只見小朋友們各個脫得精光，在水柱間開心地追逐嬉戲。

　　這裡號稱是德勒斯登最美麗的大道，偶爾會出現小型的跳蚤市場派對，秋冬則趁節慶擺起小吃和藝品攤，舉辦熱鬧的露天音樂會。兩旁綠蔭遮天的行道樹，讓這裡成了最靜謐清新的徒步區，幾個老人坐在草地邊的涼椅上，一坐就是一兩個小時。

→　中央大道綠蔭
　　亞伯特廣場旁的大噴泉
←　奧古斯都金銅像代表著德勒斯登的精神與光輝

有著深黑色尖塔的新巴洛克式三皇教堂（Dreikönigskirche），是中央大道旁最醒目的宗教聖地。教堂後方有個圓弧形的小廣場，廣場中心矗立著一座小噴泉，面對著高貴的國王大街。有時候，附近的西班牙餐館會在此排列起咖啡桌，秋楓落葉時分，這裡再美不過！

　　中央大道左右兩側的居民住宅被規劃得整齊一致，像許多方格火柴盒，每一棟樓的陽台上漆著橘、黃等不同的色彩；在沒下雪的季節裡，住家彼此間猶如進行花藝競賽般，姹紫嫣紅的牽牛花、菁球花……在陽台花圍上爭奇鬥豔，自然地牽出一串串華麗彩帶。

　　我常喜歡鑽進宅第裡的藝術工匠廊街（Kunsthandwerker Passagen）逛逛，這種設在拱門中的歐風「廊街」總勾引著我的好奇心，想往裡頭探索，看看如此優雅輝煌的壁燈走廊裡，到底上演著什麼樣的戲碼？

　　經營骨董店的瑪莉塔（Marritta Schuster）在17號門牌，門口前方的骨董桌上，陳列了價值高昂的邁森瓷器盤組，真教人深怕一個大轉身，就撞倒了這方的細緻華麗。瑪莉塔收藏的古畫、古典原木傢俱、蕾絲織品、金銀湯匙、燭臺等，無不蘊含獨特韻味，讓人看得出神。她自己無疑也十分樂在其中。

→ 三皇教堂的黑色尖塔

10550

台北市南京東路四段25號11樓

大塊文化出版股份有限公司　收

地址：

市　　鄉／鎮　　　路　　段　　巷　　弄　　號　　樓

縣　　市／區　　　街

（請寫郵遞區號）

大塊 LOCUS 文化 讀者服務卡

謝謝您購買本書！

如果您願意收到大塊最新書訊及特惠電子報：

— 請直接上大塊網站 **locus**publishing.com 加入會員，免去郵寄的麻煩！

— 如果您不方便上網，請填寫下表，亦可不定期收到大塊書訊及特價優惠！
  請郵寄或傳眞 +886-2-2545-3927。

— 如果您已是大塊會員，除了變更會員資料外，即不需回函。

— 讀者服務專線：0800-322220；email: locus@locuspublishing.com

姓名：_____   **性別**：□男　□女

出生日期：_____年_____月_____日　　**聯絡電話**：_____

E-mail：_____

您所購買的書名：_____

從何處得知本書：1.□書店 2.□網路 3.□大塊電子報 4.□報紙 5.□雜誌
　　　　　　　　 6.□電視 7.□他人推薦 8.□廣播 9.□其他

您對本書的評價：
(請填代號 1.非常滿意 2.滿意 3.普通 4.不滿意 5.非常不滿意)
書名_____ 內容_____ 封面設計_____ 版面編排_____ 紙張質感____

對我們的建議：_____

_____

_____

_____

廊街之所以迷人，在於「鑽」的樂趣；環繞空間讓人驚喜連連，不斷地在遊人面前展開另一片天空。從這頭探出那頭，從右廂繞個圈，經過後庭別有風味的露天花圃，再轉回原點。而這一小段路中的各家精品小店，都足以讓人留連許久；例如專門銷售「洋蔥」(Zwiebel)圖騰的陶瓷、玻璃和居家裝飾品的彼德曼（Gerd Petermann）先生的店。談到洋蔥圖騰，它原本是德國薩克森邁森名瓷的經典系列之作，以白底藍彩為主調；爾後，歐洲也有許多瓷器品牌延伸該圖像之美，推出類似的花彩商品，鄰國捷克就是其中之一。若不仔細看，你可能會誤以為店內的瓶瓶盤盤都出自同一家廠牌之手，但實際上，其來源林林總總，從花彩的細緻度和釉色，就能分辨一二。

　　剛開始住在德勒斯登時，我以為這一帶附近只有藝術工匠廊街，後來才漸漸發現，在十八世紀初、由建築大師普波曼設計的巴洛克風情國王街（Königstrasse）上，也隱藏了一條靜謐富麗的國王廊街。透亮櫥窗中，傳遞出時尚的氛圍。若再往後徑街坊裡尋覓，還會意外地遇上普里斯柯廊街（Prisco-Passage），其間有家專賣義大利香料和精緻麵食的可愛商店，以及走高檔前衛路線的男裝店……。這塊園地很寧靜，當初選侯王奧古斯都致力在此實現巴洛克宅第計畫之際，恐怕沒料想過，今天會出現這般多元的城市生活情調。尤其夏季迪西蘭爵士樂嘉年華登場時，中央大道和國王街一帶都成了最熱鬧的搖滾區。

　　我在Coffee & More溫馨的店裡品嚐著濃郁的咖啡香，給自己一點時間，沉溺於來自世界各地創意獨絕的藝術造型咖啡杯之美中；然後去逛逛德勒斯登瓷器的特營館，累了，便坐在對面的小酒館中歇一歇，喝上一杯萊茵黑森出產的葡萄酒。

→ 中央大道旁著名的巴洛克式藝術工匠廊街

十九世紀初，德國名畫家葛哈德·馮·庫格爾根（Gerhard von Kügelgen）就住在這美好的雅境中，中央大道旁那棟最華麗的紅褐色宅邸即為他的故居。樓房外觀同樣為巴洛克式，當地人稱它為「Kügelgenhaus」。從1981年起，這裡成為「德勒斯登浪漫博物館」（Museums der Dresdner Romantik），同時緬懷該城市走向唯美主義的偉大時代。

庫格爾根於一七七二年二月出生在萊茵河畔的巴查拉赫（Bacharach），當他年僅四十八歲時，意外在洛什維茲前往德勒斯登的途中遇上強盜而被刺身亡。中央大道旁的這棟宅第，就成了人們追念他的地方。

踏上旋梯，房屋門前的走廊與天井流露著典雅的氣息。博物館的最深處，仍保留著庫格爾根時期的原始傢俱和擺設，垂掛的純白紗幔輕盈地襯著墨綠色的圓弧沙發，流露出早期浪漫主義文藝家的品味；而隔壁的畫室，地板與畫架上隨興地排放著完成的畫作，沾滿顏彩的畫筆，還架在工具木架之間，好像庫格爾根只是暫時離開出門用餐、與朋友會面，稍晚，他便會回來繼續作畫一般……

庫格爾根曾在德勒斯登藝術學院擔任教授，與藝文界人士交情深厚，那時他的宅第被稱為「Gottessegen」，扮演沙龍的角色，許多藝術家都喜歡來此暢談交流。

庫格爾根描繪過不少德國文壇、學術界的名人，其中最具代表性的就屬文豪歌德和詩人席勒，以及作家梭門（Johann Gottfried Seume）、威朗德（Christoph Martin Wieland）、哲學評論家黑爾德（Johann Gottfried von Herder）、戲劇家寇茲布（Kotzebue）……等等。當中與他交情最深厚的，就屬浪漫派畫家卡斯帕·大衛·弗列德里希（Caspar David Friedrich）。兩人曾為師生關係，但繪畫風格和方向截然不同。弗列德里希以浩瀚的風景畫深得美評，〈流浪者與海上之霧〉（Der Wanderer über dem Nebelmeer）作品中迷濛深邃的意境，能引發觀者對大自然的傾心嚮往。德勒斯登的新藝術博物館（Galerie Neue Meister）中，仍珍藏著他於十九世紀初所繪的〈夜晚，港邊帆船〉（Schiffe im Hafen am Abend）、〈秋日巨石墓〉（Hünengrab im Herbst），以及描寫德勒斯登近郊Ostragehege城區風景的〈大葛赫根〉（Das Große Gehege）等名作。

浪漫主義在十八、十九世紀初的德國掀起一陣旋風，吹向文壇、音樂、宗教……等各領域，庫格爾根之家在物換星移的時空下，無形中，成了孕育新藝術氣息的搖籃。

→ 德勒斯登浪漫主義博物館
　 藝術家庫格爾根宅邸風貌

再見列寧，
緬懷DDR──跳蚤市場尋寶

德國統一，表面上看來是可喜可賀的美滿結局，
但經過近幾年的風風雨雨，過去西德的榮景和傲人經濟成績，
逐漸在支援德東重建的過程中，
漸感疲憊走軟，導致東西德人民各有苦水。
西德人怕東德如包袱般拖垮他們；東德人則懷念共產時代的經濟體制，
統一後，社會工作的競爭讓他們嘗盡前所未有的龐大壓力，
年輕人逐漸出走，前往德西、甚至鄰國奧地利，尋找差事「錢」途，
剩下年邁力衰、經歷戰火的老爹老奶奶們在家鄉修剪花園，
種植姿態孤單的蝴蝶蘭。

德國人對過去的懷舊，可以從二○○三年電影《再見列寧》（Good Bye, Lenin！）察覺些許端倪。這部影片在柏林影展獲得多項大獎，成為轟動一時的最佳歐洲電影。雖然它以親情感人、逗趣幽默為主軸，然而在某種程度上，也反映了真實世界裡的東德人，的確於潛意識中緬懷著DDR時代。

隨著何內克下台、柏林圍牆倒榻，電影裡的男主角丹尼爾布爾（Daniel Brühl）開始了他對母親的白色謊言。丹尼爾的母親是忠實的社會主義份子，她於昏迷中，渾然不知社會主義已經遠走。丹尼爾決心不讓患心臟病的母親知道國家統一的變化，於是與朋友自製東德電視節目、尋找舊時代的酸黃瓜罐頭、強迫姊姊穿上過去的老土服裝……。這是戲，不折不扣的虛擬遊戲，但是今天真正住在德東的老東德人，是否也在內心深處冀望子孫能這麼認真地幫他們回到過去？

某個下午，德勒斯登Altmarkt　Galerie時髦的購物中心地下一樓書店中，許多人聚在門口的平台書鋪前翻來翻去。我擠身進去瞧瞧，不過看到幾個彩色鐵盒罷了。人群散後，再仔細看了幾眼，發覺那鐵盒別緻可愛，上頭還浮印著DDR三個大字母；盒子裡裝滿了東德時期極具代表性的小東西：郵票、小汽車玩具、老護照、舊報紙、小酒瓶、東德藥膏……。對我來說，這些東西充滿新鮮感與蒐藏樂趣，但對東德人而言，是回憶、是追不回的曾經。這些玩具，可能也一點也不好玩，但卻真實地讓人感到彷如昨日的近鄉情怯，可能觸景生情，也可能讓人沮喪地感到相見不如懷念。

　　《再見列寧》情節中，高速公路上頻頻出現的舊式小車，是東德時期的象徵之一。那名為「塔邦」（Trabant）的轎車，造型古板、猶若一只菱角明顯的方塊，再配上呆板的圓車燈，如果你看到它在街上奮力以高速行駛，肯定不由自主地為它擔憂，怕它隨時會有解體的可能。天藍、草綠和米白，是塔邦最常出現的車身顏色。我喜歡看它拙拙地奔馳的樣子，雖然不是賓士，卻有種獨特的復古魅力。很多現代的年輕人，會特地花心思改裝烤漆，車裡加裝皮椅或柔軟兔毛，把它打造得光鮮亮麗，除了一副跑不快的模樣仍讓人搖頭，其餘的，我想它確實擁有感性的歷史名車條件。

　　據德國人說，在共產主義時期，東德父母會在小孩一出生時，就為他向政府申請一台塔邦汽車，因為，要拿到這台車子，可得排隊等上長達十八年的光陰！我們聽來或許覺得誇張離譜，但這就是東德人舊時代的實際寫照。如果一位東德年輕人已等這台車等了十七年，只差一年就能領車，意外地，柏林圍牆卻倒了，不知道資本主義的自由社會，是能令他甘之如飴，抑或讓他為那台領不到的小車而惋惜跺腳？

→　跳蚤市場處處是珍寶
←　東德時期的代表──塔邦國民車

二〇〇五年以前，德勒斯登的MarktHalle古典賣場頂樓曾經有座汽車博物館，專門展示各種東德時期的交通工具，包括塔邦汽車、摩托車、郵車、旅行箱型車等，可惜後來博物館從Markthalle撤走了。不過在交通博物館仍看得到這些老玩意兒。如果哪天想嘗試開Trabi塔邦車的滋味，也大有機會；杉普歌劇院旁的劇院廣場街道上，就停了一列號稱是「Safari」的復古塔邦車隊，每輛老爺車身都漆得五花八門，你只要有駕照，就能隨著導遊開車上路，順便遊覽德勒斯登市區與近郊的各大景點，看來也十分拉風！

　　話說回來，在這個城市想找尋屬於東德的東西，其實一點也不難。有天，我從亞伯特廣場旁寬廣的Bautzner Strasse往東一直走，邊慢跑邊散步，經過了擠滿觀光客的Pfunds Molkerei普奉乳品店，旁邊就有家標榜專賣DDR時期商品的小店鋪。

　　店裡幾乎沒什麼裝潢，雖然有許多觀光客會轉來這裡晃晃，但氣氛仍有種說不出的冷清，而且安靜得讓人有點不好意思開口講話。排貨稀疏的鐵架上，陳列著東德時代的洗衣粉、飲料罐、桌巾，以及Trabant玩具車。我在想，有多少人會來買這些小玩意兒？它們終究是「過時」的商品，當然賣點也在於它們的「過時」。其實，真要找尋這類老貨，每個週末清晨，在易北河畔展開的Elbeflohmarkt跳蚤市場，就是個大寶庫。

　　每隔一段時間，跳蚤市場好像會釋出魔法般召喚我，試圖引我去那裡看看、消費。所以春夏時令，我會挑幾個週六清晨特地早起，因為市集早上八點就開始了！擺攤的商家們都收攤得快，要是睡過了中午，下午兩點多後，可能已經不見蹤影。

　　把車停在靠近亞伯特老橋（Albertbrücke）附近的河岸大街旁，走在高大美麗的綠蔭行道樹下，陽光的耀映，太美了！我忍不住在這裡徘徊流連，忘了自己該走下橋，往易北河草原上的跳蚤市場前進……

普遍來說，德勒斯登這個市集的公眾評價還頗不錯。二○○四年五月，一期以美國影集《慾望城市》女主角Sarah Jessica Parker為封面、由德國出版的《Home & Style》生活時尚雜誌就曾報導過它，並將之與慕尼黑的Daglfing、柏林的Friedrichshagen、漢堡的Flohschanze、波昂的Rheinaue……等各大城的跳蚤市場，齊同做了個介紹。書上的照片還揭露：好萊塢女星珊卓布拉克和黛安基頓，都是喜歡到Elbeflohmarkt採購的愛好者。

來來往往的買家，穿梭在這木蓬搭起的露天大賣場，等著揀些骨董、歐風老傢俱，或者便宜又實用的生活裝飾品。偶爾會看到全身名牌、穿著及膝雪紡紗裙、肩背LV提包、腳踩超細高跟鞋的貴氣仕女，也在此挑畫、或者找些精緻二手貨帶回家。我唯一替她們擔心的是：為何她們能夠穿著這麼難走的高跟鞋，在這鋪滿鵝卵圓石的地盤上逛如此之久！那鐵定是寸步難行，而且勢必得小心翼翼，否則不小心跌個大跤，豈不立即喪失她的優雅姿態……

那些對東德或納粹第三帝國時期充滿好奇的人，都把這兒當作蒐集歷史的天堂。熨燙整齊的德俄軍服和硬殼的軍用水壺懸掛在架上，還有看似帶著泥土、破幾個小洞的鋼盔長槍，那陣仗排起，好像仍懷著二次大戰時的激昂，神采奕奕地蓄勢待發。有沒有人真的買，我不確定，但卻老是看到老闆自己穿著配備齊全地和顧客聊那些軍用品聊得口沫橫飛、無法抑止。

另外有些老闆專門賣首日封郵票、徽章、舊硬幣，或者近百年來蓋了郵截卻寄不到收信人手中的明信片……；有一些便宜得驚人，當然也有些很貴的。我在那兒挑了好幾份首日封郵票：一九六九年以美國尼克森總統為題、蓋著柏林章的；慶賀威瑪（Weimar）建城一千年、郵票上有著DDR字樣的；一九六五年五月二十七日，寫著「Königin Elisabeth Ⅱ in Berlin」英國女皇伊莉莎白二世在柏林的……，總共四、五張，原以為得要花上好幾塊錢，結果老闆只收了僅僅一塊多歐元，真令人意外！

拿起幾張明信片，我試圖去讀那些用墨水筆寫的、暈開的德文字，想知道執筆者到底寫些什麼給他們的親人、情人、朋友、父母，按照郵截的日期，這些紙片訴說著戰爭時期歐洲人的真實生活。

這裡仍有太多東西令人著迷：巴伐利亞的花瓶；俄羅斯製的、刻著立體粉色花瓣的白瓷寶盒；舊式牛奶罐；金銅色高低燭台；德國老奶奶遺留下的古意珠寶首飾和鑲寶石的典雅耳環；捷克傳來的彩色水晶玻璃杯；以及德國最高級的邁森雅緻瓷器……你看得出它們的歲月，但也就是歲月帶給它們價值；甚至，連那舊公寓拆下來的老式門把，我都想一股腦兒地整盒搬回家。

朋友納悶地站在老闆跟前兒問我：「妳要那些破門把做什麼？」
「當然是帶回家裝上自個兒家的房門上啊！」
「告訴妳喔！那說不定是從以前被送到集中營的猶太人家裡拆下來的呢！」
「真的嗎？」
「哈哈，不知道！」

老實說，我欣賞它們的古典曲線，也並不太在乎那些破銅爛鐵是誰遺留下來的。即使是猶太人留下的也並無不好，我會把那門把當作紀念他們過往生活繼續留存的一種方式……。尤其，那些有九個座台、宛如雙手張開的金銅老燭臺，更讓人想起猶太人在光明節時，點蠟燭感恩的敬重心情……

一幅幅老風景油畫貼著河堤石壁展示著；成套的木刻雕花傢俱和宛如德國文豪家中的細腳半圓弧形邊桌，靜靜地靠在石地上等著人們為它議價。賣家用小貨車或拖車把它們載來河邊，等到收攤時，再把它們塞回車廂裡；無庸置疑，老闆們必定希望能空車而返，只是事情總沒這麼容易！有時，會看到德國老媽帶著一家大小來賣居家二手貨，或者賣些讓人不太敢買的自製果醬，小孩就在旁邊玩著長睫毛的舊娃娃。少數想賺點外快的中國人或留學生，偶而也會在此出現，兜售一些中國結、龍鳳玉珮等小飾品。

草原那頭，傳來法國香頌的曲調，有個客人看上了一台留聲機。
「多少錢？」
「一百五十歐元！」HMV的產品，看起來還保持得挺新的。

賣留聲機的婦人選了一片老黑膠唱片播放，隨著流洩出的懷舊樂聲，突然地舞了起來。轉圈、搖手，表情沉醉……剎那間，法式的浪漫音符，好像使在場的人都輕鬆了起來。生活似乎也可以這麼隨興所至。最終，沒有人在乎留聲機會不會在音樂結束的最後一小節之前賣出去……

→ 古董跳蚤市場

薩克森酒莊之路

隆冬過後，復活節假期的來臨格外令人興奮，
遠在萊茵河畔賓根（Bingen）的德國朋友Uwe決定趁此機會來德勒斯登玩一趟。
Uwe很愛喝酒，尤其偏愛葡萄酒，
我不知道這是否與他住在萊茵河產酒區有直接關係，
但確信的是，他向來認為小口淺酌紅白酒，
遠比豪邁狂飲一公升的黑啤酒要來得優雅且回味無窮！

這天，我帶他到茲溫葛皇宮附近熱門的PulverTurm火藥塔地窖餐廳，
準備好好在德國傳統歌樂聲中，享受一頓道地的薩克森菜餚。
我點了酸燉牛肉片佐蘋果紅高麗醃菜，Uwe則是從坐下來後，雙眼便始終盯著酒單探索……

「你想喝點什麼？」我好奇地詢問，畢竟大多德國人用餐時都喜歡搭點酒。
他下了個輕快又果斷的決定說：「既然來到你們薩克森邦，那我就嚐嚐邁森
出產的Müller-Thurgau吧！」

　　　　早在十世紀之際，薩克森近郊城鎮邁森曾在斯拉夫人海因里須一世
（Heinrich Ⅰ）國王的統馭下，建起堡地；後來維廷家族再度於易北河畔打
造起亞伯列茲堡。城堡如今仍氣宇軒昂地聳立於山丘上。堡內哥德式的圓弧
穹拱天頂，繪滿了繁華富麗的花紋，在描繪宮廷故事的壁畫襯托下，顯得威
嚴、神秘而又魅惑人心！總覺得邁森的這座城堡，是當今德勒斯登近郊最值
得一探的殿堂，它內部的壁畫成就，遠遠超越了外觀的型態；沒走進裡面，
可看不出它蘊含的偉大精華。

平常在葡萄酒專賣店閒逛時，就常見到「姆勒吐爾高葡萄」（Müller-Thurgau）釀的酒款，它的色澤為淡淡的金黃色，喝起來不特別甜、屬半甘口味，同時還瀰漫著清雅果香。在薩克森邦，姆勒吐爾高的產量正好屬最大宗，其次就是Riesling了。

我們喝著吃著，也聊起德國各地的葡萄酒。我告訴他說，前陣子我去了趟伍茲堡，對那裡的法蘭肯（Franken）酒印象深刻，還特地蒐集了那頗具特色的葫蘆型圓弧酒瓶！

「去年我倒是跑到西南邊的巴登（Baden）泡了個溫泉，還喝到了非常棒的古特德爾（Gutedel）葡萄酒！」Uwe滿臉意猶未盡地說著。「……薩克森這兒不也產非常多好酒嗎？咱們一起去逛逛吧！」

的確，沿著易北河畔，以德勒斯登為中心點，上下游便蜿蜒出一道美麗的「薩克森酒莊之路」（Sächsische Weinstraße）。我在靠近市區猶太大會堂的十字路口附近，就看到過以葡萄串為標誌的指標，上面畫了個箭頭，告訴人們酒莊之路的方向。

北起於Diesbar-Seusslitz、南至Pirna，薩克森酒莊之路蔓延了近五十五公里長，中途處處是美河幻景，自然迷人。即便是騎著單車，都能一路順著易北河畔的行道，從德勒斯登奔向洛什維茲、皮爾尼茲、邁森、寇斯維格（Coswig）……等產酒城鎮。腳踏車的遨遊樂趣，遠比搭火車還更有意思；尤其，各地大都擁有優雅的小城堡，騎腳踏車較不容易錯過。例如普洛希維茲城堡（Schloss Proschwitz）就在邁森近郊，每逢春夏，堡內會不定時舉辦品酒派對或葡萄酒嘉年華等。

談到薩克森產酒的源起，根據史載紀錄，幾乎可追溯到十二世紀中葉；它的興盛時期從十六世紀開始，無論是王國宮廷的鼓勵或是古修道院的汲汲耕耘，都為當地的葡萄酒產業打下穩固的根基。翻開地圖看看，德國東部的這片薩克森酒園，可屬歐洲最北的葡萄酒產區了！

我驚訝於它的葡萄酒栽培歷程已長達八百年光陰，同時，更驚艷於河谷岸邊的盎然綠意！寬廣悠悠的易北河與叢叢青嫩的葡萄田野和諧共鳴；緩坡上，葡萄藤滿佈，陽光的熱力帶給它們生命之養份，一株株的木桿間，纏繞著綠絲與綠葉，低垂著、繁華著湛紫晶瑩的葡萄珠粒……

→ 古董蒸氣船航行於易北河葡萄產地之間

若以「酒莊之路」來稱這塊美域，縱然十分貼切，但也略顯狹義；因為它形於外的風光，不僅擁有渾然天成的清幽恬靜氣氛，更如同大地讚禮般，非常適合獨處、靜思，是令人嚮往的恬適絕美生活境界。這裡人不多，但情調豐富，是任何人都得以放鬆自我的飄遊世界！

看Uwe晃著酒杯，小啜著姆勒吐爾高葡萄酒，似乎非常心滿意足的樣子。若不是十九世紀末時，瑞士教授Müller研發出這種介於麗絲玲（Riesling）和希瓦納（Silvaner）之間的葡萄品種，我們恐怕還沒機會品味到這適合搭配魚排或煎燉豬排的好酒。

或許是因為姆勒吐爾高葡萄不需要太多的陽光，所以它在易北河流域的栽種頗為普遍。一位住在懷波赫拉（Weinböhla）的酒農告訴我，薩克森邦用來釀酒的葡萄品種至少有十二款以上，這可真是引起我的好奇心！他說，除了麗絲玲之外，還有金麗絲玲（Goldriesling）、巴赫斯（Bacchus）、易北玲（Elbling）、白堡根德（Weißer Burgunder）、魯藍德（Ruländer）、肯涅（Kerner）、特拉米涅（Traminer）……等多種葡萄品種。

「那你喜歡喝什麼口味的葡萄酒呢？」我問這位酒農。
「嗯，應該是白堡根德白酒吧！每回吃海鮮和煎魚的時候，我都習慣來上一杯。」他滿臉笑容地回答，好像思緒已飛到餐桌上似的。
「德國盛產蘆筍，而吃綠蘆筍時，佐飲白堡根德白酒，滋味可分外美妙！」

Uwe後來提議，乾脆我倆也騎腳踏車來趟薩克森酒莊之旅好了。我說沒問題，但不妨先開車到離德勒斯登最近的羅德博（Radebeul），走一趟維克巴斯古堡吧！

維克巴斯古堡酒莊

艷陽高照，催促著春花齊開百放，鄰居們的院子樹梢上掛滿了復活節彩蛋，一切，又活潑起來。

六月時，Uwe和我驅車駛出河北岸的Klotzsche住宅區，往西北邊的羅德博奔馳，目的無非為探訪那曾為薩克森王國皇家御用的葡萄酒莊——
維克巴斯古堡（Schloss Wackerbarth）。

車身還未抵達古堡前，在羅德博的街道旁已能嗅到自然的氣息了！綿延的葡萄田，靜靜地倚在小城屋瓦後的山丘上。我們帶著雀躍期待的心情，沿著葡萄園直駛，終於來到了維克巴斯古堡。

「哇，多美麗呀！」Uwe一下車，便指著眼前的山丘讚嘆道。

遠眺與近觀，視覺的興味截然不同；此時，景色壯闊令人震撼！山頭的曲線像波浪般地，飛舞在澄淨的藍空中。我們在德勒斯登的近郊，尋到一處足以媲美法國亞爾薩斯的精緻酒園。

令人驚訝的是，這麼一座歷史悠久的典雅古堡式酒莊，入口處卻矗立著摩登現代的玻璃建築，流線、透明而簡約，與後方的古典柔媚形成極強烈的對比。如果是刻意地不按牌理出牌，倒也教人佩服於玻璃屋設計者的眼光——他把外圍的景致和自然陽光，全引進了屋內，使得在室內選購美酒的賓客，都享受到舒適的暖意。

還來不及進到葡萄園內，我就已被屋中的美酒精品給吸引住了。這裡是嗜酒客挑選古堡精釀酒款的好地方，專出氣泡酒（Sekt）、晚採收葡萄酒（Spätlese），也有許多被品評為優良地區酒（Q.b.A）的干葡萄白酒、麗絲玲精選葡萄酒等等。我看上一支二〇〇三年出品的特拉米涅冰酒，要價六十歐元，價格還算適中；不過，只要是維克巴斯古堡釀造的酒，在市場上勢必都比其他一般品牌的德國葡萄酒來得貴，甚至貴上好幾倍。

從另一個角度看，價格所反映的，並不僅在於它的酒質和醇厚口感，更彰顯這座古堡的光環和歷史。從十八世紀初開始，維克巴斯家族便在羅德博規畫酒莊的建立，隨後，這裡一躍成為奧古斯都和皇室貴族們最喜愛的飲酒作樂之地。如此耀眼的王室加持，使得維克巴斯古堡素來備有「強人奧古斯都」的紀念酒款。

我隨意地遊逛在屋內的各個酒櫃之間，無意中還發現了另一款紀念酒：那是二〇〇四年六月時，古堡為了即將重建完成的聖母教堂所推出的氣泡酒，優雅微圓的瓶身上，貼著聖母教堂廣場的美麗古畫。我十分渴望品嚐它的滋味，尤其維克巴斯古堡號稱是德國境內歷史第三悠久的氣泡酒釀造重鎮。

「想試喝一杯嗎？」亮麗簡約的純白小吧檯裡，穿著體面的侍者問我。

在這兒，花個幾歐元，便能小酌一番。酒保把酒杯擦得透亮，排成一列猶若透明鬱金香的高貴陣容，等待金黃或紫紅的酒香蜜汁，為她們添上色彩。

角落裡，一張椅子沉靜卻又搶眼地攫住了每個人的注意力——它是個酒瓶軟木塞的集合藝術體，從椅背到椅腳，集結萬餘隻瓶塞。「這坐起來應該很舒服吧？」Uwe興致勃勃地說。我倒覺得光用眼睛欣賞，就已經感受到它所散發出的雋永木香和酒香！

走進葡萄園，耳際逐漸傳來加州陽光氣氛的輕快音樂；露台上的假日樂隊，正擊奏著爵士鼓和吉他，高唱「California Dream」，好像剎時把美國的奔放，帶進了歐洲的薩克森王國！我並沒有因此而誤以為自己置身於舊金山的Napa Valley酒鄉，因為眼前的美景，實在教人震懾臣服……

← 維克巴斯古堡為薩克森宮廷御用酒莊，盛產多款名酒

這裡恐怕是我所見過最優雅的葡萄酒莊之一。端莊小巧的橘紅頂瞭望台，襯著前庭後坡滿山遍野的鬱綠青翠，就像清新脫俗的公主般嬌嫩甜美。前方修剪整齊的綠草地和錐形木樹，一階向上一階地，排列點綴成對稱又和諧的露天品酒花園。花園中，純白的陽傘編織起受遊客歡迎的休閒雅座；音樂、美酒與美景，教人想不出還有哪裡會比這兒更令人陶醉。

　　Uwe和我決定坐在這葡萄園野間，感受微醺的快意。正巧古堡內推出了白酒配蛋糕的午茶餐點，於是我點了酒釀櫻桃蛋糕和雞蛋起士蛋糕，同時品飲著薩克森邦最引以為傲的葡萄酒。

　　突然間，我瞥見了國王和皇后的身影！這絕非過度夢幻後的冥想幻覺，而是古堡特別安排的表演秀。表演者身穿華麗蓬裙和皇室華服、手持蕾絲小洋傘，沿著台階輕盈漫步，並向一桌桌的客人沿路問好，順道宣傳古堡近期的娛樂活動和音樂會。他們的身段、裝扮和姿態，融合在這個充滿巴洛克風情的建築庭園間，彷彿比我們這些「現代人」更恰如其分！

　　「想不想到葡萄園探險？」Uwe享用甜點後，精力充沛地提議著。於是我們決定起身，往瞭望台後方的大葡萄園前進。

　　走過漂亮的木樹台階，短短的幾步路，情境卻美得讓人以為自己正在婚禮的紅地毯大道上行進著。當抵達瞭望台下的典雅噴泉池前方時，對面露台傳來的樂隊旋律依舊清晰入耳，此刻，已換成了三〇年代費茲華勒的爵士風節奏！

　　我忍不住朝瞭望台的大廳裡望去，這外觀以鵝黃和雅白相間的六角形建築，廳內十分挑高，花葉邊線壁畫將室內妝點得恬靜優雅，圓弧觀景窗讓陽光灑落滿地。這棟小樓不僅是維克巴斯古堡的代表性地標，人們在此同樣可以倚著高腳圓桌品嚐美酒；倚靠在古典窗台旁向下望，台階下的花園魅惑美景盡收眼底！

　　我們繼續向上走，沿著崎嶇原始的台階一步一步向前邁進。脆嫩的葡萄葉逐漸與我親近，那些初發的葡萄珠芽，迷你成串，模樣極為可愛！青綠的色澤，透露著新鮮氣息。

　　爬上了栽滿葡萄樹的坡頂後，喘口氣，我往下俯瞰，古堡的宮殿花園全化為迷你世界了。整個羅德博區，盡在我腳下！擁抱這綠意盎然的易北河酒鄉，也意外地環顧到德勒斯登近郊的景象。此時，我明白了，薩克森選侯們百年來鍾情此地的道理。

← 維克巴斯古堡前方有綠意盎然的品酒雅座
　　身著國王和皇后華服的表演者沿途向客人問好

皮爾尼茲的葡萄藤

順著易北河往東南方順勢前進，雖然離德勒斯登市中心愈來愈遠，
卻臨秀緻的皮爾尼茲（Pillnitz）愈來愈近。
即將進入秋季楓紅的九月底，
南方的慕尼黑正為啤酒節嘉年華的瘋狂起舞而喧囂激昂，
我卻寧願留在寧靜祥和的東方，
把握寒冬來襲前照耀於皮爾尼茲河畔最後的和煦陽光。

從德勒斯登前往皮爾尼茲，必須先經過藍色奇蹟跨河大橋（Blaues Wunder）；
過了橋，風景便展露些微變化，變得更可愛、更有德國傳統風情、更富鄉村氣息。沿
途感受得到漸漸攀高之地勢，道路兩旁的住家在無圍欄的棕紅岩土間，栽培著叢叢紅
花綠葉，繽紛花語點綴著洛什維茲區的甜美意象。

在皮爾尼茲市政廳附近下車後，對於去向我毫無頭緒，於是決定跟著陌生人
的步伐走。爬上一個小山坡後，經過一家露天花園咖啡屋，驚覺其視野的寬廣無際，
於是決定越過它繼續往上探查。沒多久，即到了某條山壁上的小徑，向右瞭望，映入
眼簾的，是易北河畔原野全景，遠眺可及德勒斯登市區。

此時，再度吸引我的視線的，是伸手便可觸及的葡萄藤。仔細瞧瞧，我
已來到這裡頗負盛名的葡萄酒莊。在山壁斜坡下，葡萄樹排列整齊、綠意盎然，
枝頭上仍結著一串串晶瑩的紫色果實；同一時刻，田野間的磚紅色酒堡小教堂
（Weinbergskirche），也映入了我的眼簾之中。

這條皇室酒莊之路，實際上在西元一四〇三年左右即被人們首度提及，教堂
則是到了一七二三年始由普波曼（Pöppelmann）建立，名為「Zum heiligen Geist」，
意謂著前往聖潔天使靈魂之堂。雖然酒莊範圍不大，但在十九世紀之初，這裡可也是
國王奧古斯都一世欽點器重的釀酒莊園之一。

向下俯瞰，更遠處的樹海簇擁著皮爾尼茲城堡。我漫步離開山丘前往古堡。路途間，有幾輛馬車穿梭。我並不清楚古堡實際的位置，只是在好奇心的驅使中穿過了個低矮的圍牆小門，走入後即置身一片豁然開朗的樹林草原，我直覺這應就是屬於古堡的花園之一──中國花園和涼亭。由於秋風徐徐，樹梢的金黃落葉已驟然飄降，妝點著褪去綠衣之後的美麗原野。

　　穿過樹林，來到大皇宮草園（Lustgarten），後方正矗立著山岳皇宮。進入皇宮前，先徒步經過了那座宏大的玻璃花屋。在尚未探究其歷史之前，心中存疑著：為何如此現代之建築，會出現在古典疆域範圍內？

　　奧古斯都為了一圓「中國夢」，建造了皮爾尼茲古堡，他希望於歐洲境內，也能盡情領略東方中國的氣質之美。無怪乎宮廷外部之造型、線條及壁畫裝飾，皆透露著絲絲異國情調，隱約蘊含著遠東建築特點。從一七六五年起，奧古斯都就把這兒當作他於薩克森的夏宮，每年夏季都會來此地居住。身為中國人，想到數世紀前的國王竟如此為中國文化醉心，走在這片由他刻意營造的家鄉風情，不僅是感動，也為自己國家的韻味如此被外國人頌揚流傳著，感到與有榮焉。

　　城堡內的花園，中西合璧，有中、法、英式花園，共同鳴奏出和諧的花卉樂曲。要走完所有的花園小徑，可得花上大半天的功夫；若沒有好的方向感，美侖美奐之原野可會瞬間變成個大迷宮，讓人不知何去何從而驚慌失措。

　　在享受陣陣撲鼻花草香的同時，也天真地幻想著古代貴族公主們徜徉於此的心情；不知道從前她們在這兒踱步久了，是否也會感到雙腳微酸，想好好找個地方坐下歇一會兒！

　　天色隨著夕陽轉紅，我循回至城堡外的那片山坡。清一色的翠綠，葡萄酒田成格狀地整齊鋪陳，猶若單色的拼花織布；坡頂上滿覆濃密茂盛的樹林，前方小平原上散落著斜頂木屋農家。時而，小馬踢踢踏踏地在四周奔行；時而，鳥雁成群地飛揚過境，留下葡萄果實繼續滋長醞釀，轉化為秋季獨有的、香甜的新釀白葡萄酒（Federweisser）！

→ 中國味濃厚的皮爾尼茲皇宮建築

邁森葡萄酒節

沒有人喜歡夏季即將結束的感覺，連生性浪漫的巴黎人都會患上冬季憂鬱症，
更何況是處在天氣更頑劣冰冷的德國！
德國佬畢竟也不甘寂寞，說什麼也要在冬天來臨前找點樂子；
比方說早在亞洲還熱呼呼的十月，他們就已經開始準備年底的聖誕節，
好利用這溫馨歡愉的氣氛，掩蓋自己對氣候的無奈。
至於秋天時，德勒斯登近郊的邁森，勢必還會來場熱鬧的葡萄酒嘉年華會。

　　易北河畔是德國東北部難能可貴的葡萄酒產區。尤其每逢夏秋時節，邁森更
是人們想要遠離德勒斯登市區時，最具有吸引力的可愛小鎮；可惜二〇〇四年九月底
的葡萄酒節，天空一直下著綿綿細雨，減去了它的三分美麗。

　　酒節遊行早該從十一點就開始了，天氣卻始終不配合，遲遲讓滿心想觀禮的
人群，等了長達一個小時左右。馬路兩旁的人行道上，一路從橋邊排到古市集市區的
德國人，出乎意料地極有耐心；我的腿都站酸了，他們仍不以為地撐著傘、彼此聊天
話家常，似乎執著地非要見到酒神不可！

→　邁森葡萄酒節的古歐洲街頭表演遊行

叮叮噹噹、浩浩蕩蕩⋯⋯，謝天謝地，歡呼聲終於從遠方傳遞而來。隊伍中美麗的酒莊公主對民眾拋了個媚眼，男士們無不心花怒放！後頭一大群身穿德國傳統服裝的樂隊，幫表演踩超高腳踏車特技的人演奏一首又一首樂曲，製造不少高潮。意外地，這場遊行還融入了日式情調，來自日本姐妹市的東方姑娘們，全穿上了木屐和鮮艷的和服，舞著扇子、跳起傳統舞蹈，頗有異國風味。

　　起初我還納悶為何許多觀看遊行的德國人手中都拿著一只酒杯，這是任何參與這活動的不成文規定嗎？直到各酒廠的遊行隊伍到來，我才知道此時若有個私人酒杯，該有多棒！

　　體態豐腴的酒神，扮相猶如希臘神話裡的宙斯，穿了一襲白色斜肩寬鬆的連身長袍，頭戴葡萄藤編織的綠桂冠，坐在他的王位上，手持超大葡萄酒杯，滿臉笑意地向夾道兩旁的民眾打招呼。他的花轎下除了替他抬轎的小僕人們，還有如花朵般美麗的酒莊女孩。

　　「您想喝一杯嗎？」酒莊女孩們一一問著沿路的民眾。

　　每個想喝酒的酒客，無不竭盡所能、爭先恐後地把酒杯伸到她們的面前，就像巴不得能超越其他人，好獲得女孩唯一的青睞似的！

　　接二連三的酒廠、無數拿著葡萄酒瓶賜酒的美女，嚐夠了葡萄酒，後頭還有好幾家啤酒等著讓大家品味；大家看足了戲，也喝夠了癮！免費喝酒無疑是這場嘉年華最大的樂趣；有的德國佬因為酒精功效的發揮，開始變得滿臉通紅，甚至不由自主地高聲歌唱、手舞足蹈起來！這就是從家裡帶著自己的酒杯來此，享盡香醇美酒後的下一幕序曲。

　　一個酒廠老爹看我喝得正樂，聊了聊後，送了我一個刻畫著邁森城鎮風景的白色圓瓷徽。我喜出望外，畢竟邁森正是以出產享譽歐洲的瓷器聞名。

　　葡萄園的列車滿載著新鮮成熟的葡萄，有紫有綠，葡萄藤葉纏繞裝飾在他們的花車上頭；大夥兒淺嘗葡萄的美味多汁，一串接著一串，早忘了天空中的烏雲，和如游絲般的細雨⋯⋯

→ 葡萄酒神和葡萄酒農遊行於邁森小鎮

GLAS & KUNST

德勒斯登近郊的
頂級精品事業

二〇〇六年五月，一座全新的賓士汽車博物館，
在德國西南的汽車工業重鎮斯圖加特，聲勢浩大地開幕了。
斯圖加特這富裕的巴登・符騰堡邦首府，地位因而再度提升；
而在它附近的組芬郝森區（Zuffenhausen）還有一座保時捷博物館；
著實是個靠名車展示就能帶動觀光事業的城市。

　　記得二〇〇四年時與友人前往萊比錫，也參觀了那兒的保時捷工廠；跑車
的最終拼裝工程，就在乾淨純粹、且完全無紙化的環境中完成。展場裡的方程式賽車
旁，還特別安排了賽車電動，小朋友雀躍地坐在螢幕前，手持方向盤，聚精會神地開
著虛擬跑車競逐。工廠的外型流線摩登，像個銀色倒三角錐體，簡約又豪華。

　　我不禁開始想著，那麼，德勒斯登究竟有些什麼，是任何地方無可取代的？
其腹地下，到底藏有什麼寶藏？

　　德國國民車第一品牌福斯，看上了她的文藝氣質，選擇在茲溫葛宮附近，建
了座閃閃發光的玻璃汽車工廠（VW-Die　Gläserne　Manufaktur），以製造最豪華的
Phaeton轎車；館內的貴賓接待Lounge，平常只有花得起六、七萬歐元買車的潛在顧
客，才有資格邁開大步進入。近郊邁森出產的德國薩克森皇朝御用瓷器，現今已是世
界聞名的名瓷大品牌。厄爾茲堡山區製作胡桃鉗木偶的珍貴傳統工藝業，也增添了耶
誕節、復活節慶賞心悅目的可愛樂趣……

最令人訝異的是，德勒斯登南方附近的小城鎮格拉蘇蒂（Glashütte），竟是製造比勞力士還昂貴數倍的朗格名錶（A. Lange & Söhne）之產地。朗格鐘錶工藝追求精密、細緻、敏銳與穩重，錶的造型內斂，平凡中帶著設計光芒，而箇中講究的是少之又少的時分誤差。創始人阿道夫‧朗格（Adolph Lange）決心在厄爾茲堡山旁打造高貴腕錶，專注在時光儀器下的微小刻度，帶領他的鐘錶王國走向世界尖端。

德勒斯登似乎是不鳴則已，但只要是她所能提供的東西，沒有一樣潦草隨便，甚至大多是針對上流社會或高所得人士而設計生產的。看著WEMPE珠寶精品店裡的朗格錶，難免搖頭嘆息——一般人怎買得起這樣精緻的奢侈品？

如此的繁華背景，在德勒斯登王宮旁的坎賓斯基高級旅館的櫥窗中，看得最為清晰。不過，對照著路上行走的老德國居民，還真有些不協調感。如果場景換到米蘭時尚之都，街頭的男仕們大多十分配合地穿著整齊成套的時髦西服、或休閒中帶著品味的輕鬆服飾；法國尼斯的女孩亦然，纖細的身形下，縱使不是一身名牌，也是打扮得地浪漫飄逸，襯托蔚藍海岸的迷人氛圍……然而或許因為前東德的共產背景，讓統一開放後的德勒斯登原居老人們，依舊眷戀地穿著他們過往純樸單調的日常成衣……當然這也並無不好，在今日過度追求物質的世風下，反倒顯得樸實可愛；惟獨遺憾的是，和古城的華麗調性相去甚遠。

年紀稍長的老德國人生活過得簡單、清靜，雖然沒有一絲光鮮亮麗，也或許有些寂寞，但和庸庸碌碌的大都市環境相比，真覺得他們過得富裕——家家戶戶門前都有美麗的花園，夏天來臨時，便親手在院子裡打造遮陽涼亭，排好木桌涼椅，擺個BBQ烤爐，週末午後，隨時都能和家人朋友共享悠閒時光。德東人在創造最頂尖的世界性藝術精品時，仍舊為他們低調卻豐富的生活型態感到舒暢自若。

→ 福斯汽車玻璃工廠

→ 懸掛於德勒斯登機場的
　朗格名錶廣告燈箱

　福斯汽車玻璃工廠內部空間

德國瓷器發源地——邁森（Meissen）

纖細的雙劍，以最優雅的姿態彼此交錯……
我在邁森靜謐而質樸的城鎮裡，發掘到極其奢華、非凡的精緻生活藝品；
這裡世世代代的榮耀與名聲，全刻畫譜寫在細膩的杯盤器皿中。
縱然，邁森白瓷光芒萬丈、享譽世界，但這座古老的都城，
依舊堅定地維持著最真純的初始面容。

　　易北河從德勒斯登朝北流向遠方的漢堡大港，在河水尚未離開薩克森古城之前，它醞釀灌溉著邁森城鎮的袖珍、清秀。沿著河畔的B6公路前進，視野所及盡是成串的綠色葡萄園；芬芳、幽靜，爽朗空氣流動在這屬於德東的桃花源裡。

　　若說德勒斯登是位氣質卓然、優雅端莊的王侯貴族，那麼，邁森則像個甜美可愛、親切恬靜的小公主。搭著蒸氣遊船來這兒，遠遠地，就望見了她那高聳的後哥德式亞伯列茲城堡，以及伴隨的主教堂（Dom）耀眼的灰黑色雙尖塔；主教堂與城堡磚紅瓦頂、潔白城牆的堡壘尖頂共築起令人驚豔的邁森天際線。

　　城鎮的居民不多，每回造訪時，幾乎都能感受到輕鬆自在的靜謐與安詳氛圍；沒有吵雜的人群，沒有川流不息的車水馬龍，走在任一條古老宅第間彎彎曲曲的小徑上，都能擁有絕對的安全感與平和溫柔的心境。

← 由大教堂和亞伯烈茲城堡共同構築的邁森天際線
→ 邁森寧靜卻繽紛的小城街坊

傳統沉穩的市政廳和對面色彩繽紛的老藥局等樓宅，圍繞起方方正正的市集廣場（Marktplatz）。落成於十六世紀初的哥德式聖母教堂，從斜對角的彼方傳來陣陣悠揚鐘聲，眼看，樓塔上正好懸著三十七支白色鈴鐺瓷鐘，想當然爾，這些鐘都出產自邁森，而且是在一九二九年之際，為了紀念當地建城千年紀念時所掛上的。

　　廣場旁，有人坐在涼椅上等候公車，有人則在旁邊的骨董店尋找值錢的上等陶瓷品。堡街裡各家的精品老店中，藏滿了琳瑯滿目的珍貴藝術瓷盤器皿。

　　這裡的人口雖然僅有三萬人左右，產值卻非常高──全德國最尊貴、價值斐然的白瓷精品就源自這小小的老鎮裡；邁森名瓷品牌「Meissen」更是以其產地驕傲命名。然而，相對地，生活在此的當地居民卻分外單純樸實，嗅不著任何資本主義或者奢華主義的味道。

　　我欣賞邁森瓷器那俐落的湛藍雙劍圖騰標誌，亦試圖看透它背後的傳奇故事。這裡的瓷器之所以名聞遐邇，是因為早從十八世紀奧古斯都當政時代，便成功地讓波特葛（Johann Friedrich Böttger）在亞伯列茲堡中發掘出白瓷製造的秘辛；絕美典雅的手繪花彩，使其出產的創作皆成為炙手可熱的藝術收藏品。最初是受到中國瓷器之美的刺激和啟蒙，隨之而來的，終使德國成為歐洲第一個研發出白瓷的國家。

→　亞伯列茲城堡內氛圍神秘肅穆，卻又無比華麗
←　市政廳和邁森市集廣場

百餘年前，邁森是提供薩克森宮廷御用陶瓷之聖地，今日，它的商品也廣泛地在全球精品名店中銷售。許多日本觀光客飛越西伯利亞上空，忍耐十幾小時航程的煎熬，就為了到邁森一睹德國無與倫比的精美骨瓷，甚至不惜重金，爽快地買下價格高昂的餐具杯盤系列。每回我純粹朝聖式地來到邁森瓷器工廠走走，在亮麗的購物展示廳內，都會看到日本遊客的身影，幾乎沒有一次例外。

瓷器工廠外總停著許多遊覽車，載著來自亞洲、美國和英國的遊客，偶爾也有上了年紀的德國外地爺爺奶奶們到此一遊。其實邁森離德勒斯登僅三十公里，從德勒斯登搭乘S-Bahn火車到Meissen-Triebischtal車站，差不多只要半小時左右的車程。

仔細看看瓷器工廠周圍的環境，著實再純樸不過。前方一片蒼鬱的樹林旁，民宅屋舍零零星星地散佈；筆直的大馬路上，車流更不算多。最捧場的，恐怕就是接二連三而來的遊覽車。儘管這裡看似寂靜，然而無人敢輕視這塊土地。邁森瓷器工廠所擁有的，是傳統、是歷史、是文藝，也是繼往開來、求新求變的德國精神。我們無法抱怨它那令人咋舌的高額定價，就像永遠無法否定它的初創價值一樣；況且一位合格的邁森瓷器手繪技藝師，都得經過嚴格的篩選，並接受長達八年以上的專業訓練，才能成為這個品牌底下重量級的幕後推手。

數著年代，我在工廠的大門外觀察著邁森名瓷標誌的演變；這些白底藍字，全燒在磁磚上拼貼串連。最早的邁森瓷器Logo，像是融合了字母A和R的圓滑古典線條；過了兩年，交叉的雙劍形象初次問世，線條顯得相當細直；如今的標準標誌，則結合了一九三四年設計的雙劍，以及一九七二年的「Meissen」標準字體。當遊客漫步在亞伯列茲堡山丘腳下商店熱鬧林立的堡街（Burgstrasse）時，可以看到一個優雅鍛鐵打造的邁森招牌明顯地懸掛著，它與丘頂上莊嚴的大教堂雙尖塔共同營造了這條街的古典迷人場景。

→ 邁森瓷器展館內部
← 邁森名瓷的標誌演變
　　當今的邁森名瓷標誌如交錯之雙劍

踏進成立於一九一六年的邁森瓷器工廠展覽館（Schauhalle），站在它挑高的優雅廳堂中央，新古典主義建築的均衡美感，令我深深著迷。這裡的館藏非常多，有兩萬餘件以上，所以每年的展示品都不太一樣。

我們不難看出，邁森瓷器發展的歷程中，其圖騰設計和造型不斷地受到異國文化的影響，例如中國、印度、日本等等，都帶給當代薩克森藝術工作者新的靈感。展館內還特地依時間順序陳列展品，清晰地歸納出邁森瓷器在不同的時代潮流下，所衍生出的不同創意風格。而瓷器製造過程中使用的畫筆、雕刻刀、鑄模與瓷製管風琴等，也靜靜地被展示在玻璃櫃中。

站在一樓寬闊的展示大廳裡，剎那間，我為那氣派的恢宏氣勢所震懾。對稱的白色扶手階梯下的長型宴會桌上，華麗地擺放了成套的邁森餐具瓷盤和燭臺，猶如正在安排一場宮廷盛宴！這場筵席，必定閃耀而高貴；然而也只有那尊貴的王宮貴族們，能體驗這般排場的奢華饗宴滋味。

步上環繞著一樓宴會桌兩側的旋梯，我直接朝向二樓迴廊走去；很快地，那壯觀繽紛的圓屋頂壁畫映入了我的眼簾。這幅傑作在一九一五年時由Achtenhagen教授完成，它在這裡，有種出人意料的美。寧靜的迴廊間，還擺放了眾多細緻高雅的大型彩繪花瓶、瓷雕塑、吊燈、古典座鐘、人物花鳥塑像，甚至西洋棋。

→ 瓷器展覽館內的筵席宴會桌

← 瓷器製作示範
　色彩潤澤高貴的邁森花瓷盤

最引起我注目的經典款式，特別是那些從一七三○年起，受中國和其他東亞潮流影響而生產的「紅龍」（Red Dragon）和「洋蔥」圖騰等系列，以及邁森名師 Johann Joachim Kaendler設計的花卉瓷盤等，琳瑯滿目，讓人忍不住讚嘆。

此外，館內展出的Peter Strang的作品也教人眼睛為之一亮。他對1950至1970年代左右的邁森瓷器之現代設計，具有深遠的影響力。由於邁森工廠也和某些精品業合作，因而研製出不少身價非凡的商品；例如一九九七年與日本Kyocera最新科技合作推出的「INAMORI」系列，晶瑩澄澈、透亮纖細；而千囍年間藉著邁森傳統的「紅龍」圖騰，由萬寶龍（Montblanc）以「Year of the Golden Dragon」之名，發行紀念珍筆。這些都屬九○年現代風格的邁森經典收藏。

記得二○○六年春天拜訪德勒斯登的福斯汽車玻璃工廠時，那裡的大廳也擺放著邁森名瓷特地為Phaeton奢華高級轎車所設計的咖啡杯組；兩者的合作，堪稱德國頂級製造產業的相互激賞成果。

→ 邁森著名的「洋蔥」系列瓷器

EUR 308,–

EUR 1065,–
RVICE FUR 6 PERSOEN

EUR 123,–

EUR 182,–

EUR 135,–

EUR 106,–

杉普歌劇院風華
——華格納足跡

德勒斯登的瑰麗，譜寫在古城王宮建築的飛簷走壁之間，

一如帶著晶瑩露珠的蓓蕾花瓣，

爭相盛開在每吋凹凸不平卻滿溢滄桑美感的鵝卵石大道上。

這裡的音樂成就亦然，多少扣人心弦的樂章和戲劇，

數百年來不曾間斷地由古典音樂大師們創作演繹，教人實難想像；

如果德國音樂界少了德勒斯登，

那流逝的光芒會變得何其黯淡落寞……

　　劇院廣場上的杉普歌劇院和文藝復興式的王宮遙遙相望，王宮旁主教堂的圓弧後殿與王宮恰恰隔出一道幽靜而富麗的街坊；戴著毛帽的老人站在角落，手裡慢搖著古音樂箱，使得這方圓內縈繞著輕盈如雲絲般的樂聲。

　　前方遼闊的劇院廣場中央，有一座薩克森國王約翰跨坐在駿馬上的紀念雕像，許多年輕人輕鬆地坐在雕塑旁休憩。環顧這左伴茲溫葛皇宮、右襯易北河的華麗廣場，而身後不容忽視的主角背景，正是兼具有巴洛克暨新文藝復興形式的杉普歌劇院。

　　杉普（Semper），是創造這座音樂聖殿的偉大建築師的名字；在德國境內，以建築師之名為歌劇院定下永恆稱號，甚為難得。杉普在十九世紀中葉就與音樂家華格納結為好友，兩人卻也因捲入在德勒斯登發生的政治改革事件，而被迫逃離他鄉。

　　不過，我們看到歷史燦爛之亮面——當杉普賦予了歌劇院完美的輪廓之後，生活一度陷入顛沛流離的華格納，終於在德勒斯登找到這座屬於自己的輝煌舞台。他的音樂生涯瞬間大放異彩，邁入高峰境地；《黎恩濟》序曲於一八四二年登場時，立刻獲得了熱烈迴響，那如雷的掌聲，似乎至今仍在杉普歌劇院裡延續著。薩克森王國以華格納為榮，也賦予他擔任宮廷音樂指揮的無上榮耀。

　　隨著華格納的步伐，理察‧史特勞斯成為杉普歌劇院另一位重要的浪漫主義音樂貴客。一九○五年時，史特勞斯以新約聖經為題材的歌劇《莎樂美》在德勒斯登首演，爾後，他的《埃萊客特拉》、《玫瑰騎士》等創作也在此由德勒斯登宮庭歌劇樂團（Dresdner Hofoper）配合演出。音樂家們寫下的，不只是個人澎湃激昂的情緒思潮，同時，也逐步紮實地開拓了歌劇院的繁華歷史。

　　我們現在看不到舞臺布幔背後的辛酸，但它確實從漫天火舌中、二次大戰砲火攻擊中、易北河氾濫災情裡走過，然而這些都無法改變其領導世界古典音樂的超前地位。全球最古老的管絃樂團之一、名聞遐邇的薩克森德勒斯登國家交響樂團（Sächsische Staatskapelle Dresden），歷史橫跨四百五十餘年，便是在此奠下深厚根基。

← 杉普歌劇院
→ 金碧輝煌的杉普歌劇院迴廊

靠近郵政廣場（Postplatz）的音樂票務中心，時常排滿了等待購票的人潮，芭蕾、劇曲合唱、爵士樂、交響樂……輪番上陣，熱門的節目通常很早就搶訂一空，你得時時觀察半年內的最新節目表，才能及早選到自己喜歡的座位。

　　八月中溫暖的早上，十點五十五分，德勒斯登國家交響樂團的團員們在後台準備就位。我拿著第三層迴廊包廂二排六號的入場票直奔杉普歌劇院。文豪歌德和席勒的雕像就在門口迎接著每位樂迷，門廳口前的兩位紳士服務員穿著一身深灰色優雅的燕尾西服，指引賓客入座的方向。

　　各樓層的環型迴廊裡，穿梭著正在尋找座位的人們；這並非《純真年代》電影裡的復古場景，而是真實且繽紛的生活一角。挑高炫目的大堂，閃爍著華麗水晶吊燈散發出的璀璨之光；四周金色古典壁燈的光暈烘托著柔白弧形壁面上金箔圖騰的細膩曲線；如緞帶絲絨般的粉嫩壁畫，一圈又一圈地裝飾在層層疊疊的觀眾席廊間。

　　趁這開場前的短暫時間，我抬頭仰望吊著華燈的天頂；以圓形為圖底的穹拱，繪滿了唯美的詩意古畫，圖中美麗的仕女和天使的肢體姿態，隱約流露著充滿戲劇性的神情張力。在音樂之外，屬於文藝復興風格的氣息與撼動，都輝映在杉普歌劇院的訪客眼裡。

　　舞台左右兩端優雅的白色雕像，矗立在帶有希臘風味的圓柱之間，而《浮士德》（Faust）、《華倫斯坦》（Wallenstein）兩齣德國名劇之名，也顯著地刻寫在塑像旁。

← 如《純真年代》電影中的劇院場景
→ 歌劇院天頂繪滿唯美的古畫

忽然之間，燈光微暗。十一點整了，短而有力的鬧鈴聲響起，交響音樂會準時開始。舞台正上方的古典字鐘，緩緩地秀出當下時刻的羅馬與阿拉伯數字組合。

交響樂團在法國指揮家高格斯·普烈特（Georges Prêtre）的率領下登場。一陣熱烈掌聲迎接後，瞬間化為靜默；聲響再起，便是匈牙利名作曲家巴爾托克（Bartók）的 SZ 116 管弦樂協奏曲。成串的樂章就像畫面不斷轉折的故事片段，高潮迭起，時而亢奮、時而寂寥蕭條，像在幽幽森林中困惑追尋。身旁的德國老先生直探頭往下方的樂台凝望，不時沈醉地跟著節奏擺頭輕晃。等到下一段貝多芬的第三號 Es-Dur op. 55 交響樂奏起，音樂氣氛又轉為溫和柔媚，猶如在平順無波的河域裡享受飄遊。

我們很難衡量杉普歌劇院究竟是音樂比建築體卓越，還是建築本身的光輝比歌劇舞台更具吸引力；抑或可謂兩者相輔相成，彼此相襯。從燈火輝煌的劇院走向靜謐大廳，一樽樽灰綠色的對稱雙圓柱，支撐起綿延不絕的彩繪拱頂，搖曳生姿的吊燈，垂墜在貴氣逼人的旋梯之間。當成群穿著黑紫色禮服的盛裝少女盤起秀髮、手持蕾絲扇，端莊地走在劇院殿堂時，不禁教人感到恍若掉進了十九世紀的風華漩渦，在香氛迷人的音樂世界裡迴旋著。

回想起英國著名小說家勞倫斯（D. H. Lawrence）於一九二八年出版的《查泰萊夫人的情人》（Lady Chatterley's Lover），書中女主角康斯坦絲和姐姐海爾達，曾在青少女時期前往德勒斯登學習音樂，並在當地有過一段琴聲伴隨的美好時光⋯⋯。透過這段故事敘述，不免容我就此相信，德勒斯登的音樂水平與成就，至少在前一個世紀左右，已被遠在英格蘭的文人所肯定了。至今，杉普歌劇院的樂聲和歌聲不曾停歇，等待歌劇激昂沸騰時刻的觀眾也不曾稍減。

何妨放任地，在金碧輝煌的杉普劇院裡，跟著華格納的指尖滑行，隨著韋伯的曲調行走！

→ 雙圓柱和壁畫穹拱令人目眩神迷

在洛什維茲遇上詩人席勒

藍色奇蹟大橋（Blaues Wunder）像是擁有兩座山峰的「摩登」產物，
跨越在德勒斯登古城東方的易北河上；
之所以說它摩登，其實祇是相較於這城市近乎千年的歷史罷了。
它的味道與卡洛拉老橋有著天壤之別，反倒像極了舊金山大橋的縮影，
再塗上令人心曠神怡的淡藍色，以傲然的身段姿態，
連結洛什維茲（Loschwitz）和布拉瑟維茲（Blasewitz）兩個人文氣質濃郁的優雅區域。

車身緩緩駛過這座佈滿鋼軸細絲的驚奇之橋，陽光忽隱乎現忽明忽亮地掃進我的視線。不遠處，蒼鬱的河丘上，矗立著一棟接一棟的貴族別墅。這些貴族的家園，正面對寬廣的河域，經常可看到蒸氣船悠悠駛過，偶爾在此玩玩自己的遊艇或泛泛舟，好一派悠閒的神仙生活寫照。

把車停在這百年大橋的橋墩旁，打算趁著熱力沸騰的盛夏，好好地在易北河畔的席勒花園餐館（Schiller Garten）飲上幾杯好酒。

時間才不過是下午四點多，餐館的露天啤酒花園裡早已座無虛席，偏偏剛好遇上德國主辦的世界盃足球賽開打，庭院樹下也應景地張羅起投影螢幕，準備在傍晚來個實況轉播服務客人，所以大夥兒更是坐下後就沒打算再起身了。

好不容易等到位置，點了幾道開胃佳餚──柏林人最愛的咖哩香腸、烤大骨脆皮豬腳、希臘式Feta乳酪沙拉、圖林根烤香腸佐芥末配麵包……，最後再來杯一人半公升的黑啤酒與羅德伯格比爾森（Pilsner）啤酒。

「今天是易北河嘉年華（Elbhangfest）！」「難怪洛什維茲和皮爾尼茲皇宮附近都在交通管制……」隔壁桌的情侶正聊著。

早上原本計畫去皮爾尼茲皇宮晃晃，結果原本的路因為活動被封起來，我不得不翻山越嶺，駕車駛過整個山頭另尋方向。猶如探險似地，沿著樹蔭濃密、但風景絕美的神祕小徑前進，沿途還經過了可愛的「草莓街」、「藍莓街」，我好像攀附在易北河谷的巔峰，俯瞰到遠方幾哩外德勒斯登古城的迷濛剪影。在一旁青翠的草丘上，還赫然發現結滿紅通通果實的櫻桃樹。短短盤旋的公路景色，卻出乎意料地美妙，令人驚歎！

途中憶起幾個星期前，曾和朋友到莫里茲堡附近的櫻桃果園採櫻桃的快樂午后；那裡的櫻桃園清新廣闊，覆蓋了好幾個小丘，我無法想像它到底佔了多少畝地，但一株株果子低垂的櫻桃樹，讓我用不著踩梯子登上樹梢就能輕輕鬆鬆採集。黑櫻桃和嫩紅的酸櫻桃一簍簍地摘回去後，朋友倒是很用心地做成了果醬送給大家。

等來到了皮爾尼茲宮，才知道它已成為易北河嘉年華的活動陣地，平常不用錢就可以進去逛逛的花園，這下可得買門票才能進入。此時宮中的庭園裡人聲鼎沸，走到哪兒都是樂聲，前殿的女歌劇家對著滿席的觀眾吊嗓音，後殿的草蓆前則有兩位優雅的年輕女孩，正在準備大提琴和小提琴，來上幾首協奏曲。

→　皮爾尼茲宮廷花園
　　碧綠的洛什維茲區擁有如夢的住宅雅境
←　皮爾尼茲宮

陽光與水的魅力，讓我忍不住和友人跑到易北河旁的水宮階梯旁，捲起褲管、脫了鞋子，把腳浸在冰冰涼涼的河水裡。好一個艷夏，我們在岸畔摘了幾朵小韭菜花，讓小魚在腳底下游來游去；視線內一艘艘揚起白布的帆船，也在波光激灩的水平線上靜靜划過。

　　我直望著外頭的谷丘樹林望得出神。

　　在席勒花園用餐的誘人之處，就是可以看盡洛什維茲美麗的河畔風景。此時已暮色低垂，夕陽的紅暈染過後，河水邊點起了盞盞晶瑩的彩燈，整個村鎮被點綴得浪漫無比，藍色奇蹟大橋也散發出動人的光芒。在易北河嘉年華的這場盛宴中，還有啤酒商特地準備了一個紅通通的熱氣球準備在黑夜裡升空，它的熱火忽明忽滅，吊足了所有人的胃口。

「哪天我們再到ZAZA去喝杯咖啡吧！」我說。

「好啊，要看看大橋囉。」朋友充滿期待地回答。

其實ZAZA是我無意中發現的秘密花園咖啡館；那天，原本是要去找「席勒」的。

→　席勒啤酒花園正有場筵席上演
　　皮爾尼茲的水宮倚著易北河而立

在靠近柯爾納廣場（Körnerplatz）附近──也就是藍色奇蹟大橋右岸銜接的優雅地帶，朝北走有條稱做「席勒街」的緩坡路。每回我駕車從軍事博物館前方的史道芬堡大道（Stauffenberg-allee）往養生聖地白鷺（Weißer Hirsch）的方向駛過去，經過一大片茂密迷人的Heide德勒斯登石南森林後，往右轉，就會來到這條靜謐高雅的高坡小徑。

後來才領悟，這條街之所以用德國詩人席勒之名命名，正是因為一七八五年左右，他從萊比錫遷居到德勒斯登，當時，他就住在這處充滿酒鄉氣息的美妙山丘上。到了今天，他的故居還依舊被保留著。

走上圍牆高聳的坡路，不難看出，附近都是文人雅士和有錢人們居住的地帶。終於看到了一扇敞開的門，庭院裡寫著席勒的名字，於是便踏上了滿覆青苔小草的老石階，走到一個平台上，前方矗立著漆著鵝黃色的小屋，深綠色的木窗敞開著，這裡就是席勒的家了。

青草綠蔭圍繞著詩人的小木屋。房舍不大，非常簡約，但是居住者所享有的原野和花園十分遼闊，氛圍靜幽，確實適合哲人文豪在此揮灑文才，《唐・卡洛斯》（Don Karlos）就是他在德勒斯登生活時所著手撰寫的歷史劇。不過，比較起來，他在威瑪的故居還是比這兒寬敞多了！現在威瑪的廣場上有他和歌德共持桂冠的雕像，在德勒斯登的杉普歌劇院大門旁側亦然。

← 前頁圖：前往席勒故居的庭野小石階

→ 德國詩人席勒於洛什維茲的故居
← 席勒家面前的山丘緩坡

　　不知道於德勒斯登居住的兩年光景中，席勒是以什麼樣的心境縱情於創作之中，也許現在仍高聳在屋旁的百年老樹，最能了解詩人的思緒與惆悵⋯⋯

　　在老東德時代，當時十馬克的紙鈔還曾經以席勒為票面肖像。他的鼻子挺拔、面容清秀，留著褐色的長捲髮；因為狂熱沉迷於史學、哲理、戲劇，讓他在《快樂頌》之後，逐漸鋪陳起古典主義文學的道路。德國人對他的崇敬，都寫在二〇〇五年他逝世兩百周年紀念時文藝界與書市的無限緬懷之中。席勒的一生仰賴朋友的扶持，熱愛藝術的作家克利斯汀‧柯爾納（Christian Gottfried Körner）就曾是他在德勒斯登時的好友之一；而柯爾納廣場的名稱由來，也正是為了紀念他過往在此的歲月足跡。席勒街與柯爾納廣場的相連，就如同他倆親近緊密的關係一樣。

　　也許是詩人的氣質增添了洛什維茲的文雅，使它與德勒斯登古城所散發出的韻味截然不同，不僅有更濃郁的自然芬芳氣息，也因有老式傳統的德國半木屋的存在而更添風味。那些斜頂釘滿褐木條的可愛房宅，現在都成了韻味盎然的古董店、藝術藏屋或金飾店⋯⋯，每一家店都質樸得浪漫！

　　從席勒的家出來，往緩坡下方走幾步，我發現了我的秘密花園ZAZA。金絲銀線勾勒出華麗圖騰的咖啡杯中盛著我的卡布其諾，黑櫻桃糖粉蛋糕的果子細細綿綿地滑進了口中⋯⋯我坐在院子裡那張北海漢堡海洋風情的沙灘藤椅中，望著山腳下的藍色奇蹟大橋，蔥綠與湛藍交織的天空叢林，伴著這片河谷地帶，這幅景象，永遠會是我心裡最美的一首詩⋯⋯

← 洛什維茲可愛的傳統半木屋
→ 藍色奇蹟大橋聯結了河畔兩側谷地
　　ZAZA咖啡花園遠眺藍色奇蹟大橋

莫里茲堡鄉村音樂會

西洋情人節隔天，奧地利朋友Petra邀請我去聆聽她的直笛演奏會。

她在移居德國前，於奧地利林茲（Linz）學了十餘年的音樂，

之後到上奧地利音樂學院協會（Upper Austrian Music School Association）教課；

來到德勒斯登後，也繼續在音樂學校教授直笛，常常配合這裡的音樂活動節慶公開表演。

二〇〇四年的那場迪西蘭爵士嘉年華（Dixieland Festival），

她為了彩排節目還多日與眾多合奏者於茲溫葛宮排練到深夜。

這幾年她和三個好姐妹組成了一個直笛四重奏樂團，

還取了個像蜜糖一樣的團名「il flauto dolce」，

意味著她們是甜美的直笛演奏者。

　　隆冬之後，音樂會當天為難得陽光普照的好天氣。表演地點選在莫里茲堡（Moritzburg）附近一個稱做Bärwalde的村莊。我幻想著這場演出應該就在某個富麗堂皇、尊貴氣派的音樂廳舉行，畢竟城堡的周遭也當富饒皇族氣息。

　　沿著公路接近莫里茲堡，兩旁的林蔭大道透著說不出的美感，雖然沒有春夏時節的綠葉烘托，然而濃密綿延的灰色樹林，仍營造出一種堅毅挺拔之美。偶然出現的湖泊，依稀可見悠游嬉水的綠鴨，襯著蒼茫樹海倒影，朦朧深幽的氛圍教人屏息。

之前曾探訪過莫里茲堡一回，但卻對其鄰近地區毫無印象。這次我在車途中看見當地的社區，在城堡大門的對街，就像個寧靜的小鎮，人們恣意地在街頭散步蹓狗，十分平和。而如同黃色鑽石般閃耀的莫里茲堡，就隔著廣大的人工湖泊，屹立在池水中央；她是真正的貴婦，屬於薩克森省古堡皇城之林裡的貴族，傲然而立的姿態自然優雅，絲毫沒有半點矯揉做作。她對稱、和諧、沉穩而莊重。由衷佩服那位十八世紀重新打造莫里茲堡的建築師普波爾曼（Matthäus Daniel Pöppelmann），除了德勒斯登舊城區的茲溫葛宮外，這是他為奧古斯都帝國所打造的另一座尊貴殿堂。

　　眼看，車身就要與莫里茲古堡擦身而過，不禁讓人開始疑惑音樂會的舉辦地點到底藏身何處？穿過羊腸小徑、樹林郊野，一行人逐漸失去了方向感，終於抵達之時，所有人無不睜大雙眼驚訝不已。司機將車子停在一座安靜的小農舍中庭裡，主人見著了賓客立即熱絡地前來招呼問好；我們在寒暄之中，內心仍納悶著：這難道真是待會兒音樂會的舉行之地嗎？演奏廳到底在哪裡？至少，也是在教堂表演吧？

　　不解之中，大家卻也不好意思開口詢問。農舍主人眼見離開演時間還早，便領我們參觀他的農莊。他以不太流利的英語夾雜著德語向我們解釋這片土地的由來；早在十九世紀末，他的長輩便買下了農舍的西廂，到了一九三二年，叔父再度出資完整購買了眼前的庭舍，房屋的外牆上還刻示著當時之年份。算一算，這座農莊也有百年以上的歷史，想必它有幸逃過了二次大戰那場浩劫。

→　黃色鑽石般閃耀的莫里茲堡
←　莫里茲堡大門對街

農舍的房屋不高，都僅約兩層樓高。主人開心地打開其中一扇木門，讓我們瞧見了他的綿羊群，並告知其中一隻母羊肚子裡正懷著小綿羊。羊兒見著了人，也興奮地叫著！而另一座廂房裡，則飼養許多十分壯碩的兔子，這群白兔的身軀比貓兒還大得多，大夥看得驚嘆連連。屋主說，他們除了飼養這些動物外，還得幫忙製造打理給馬兒吃的茅草，那茅草就一捆捆地堆放在一旁的廂房裡。我看到屋樑上還懸掛著好幾袋的玉米，以及曬乾的向日葵，那些向日葵比人的臉還大上一倍，相當有趣。詢問之下，才知道這些都是專門為小白兔準備的糧食。主人另外擁有一個地窖，裡面十分陰冷潮濕，存放著許多甜薯和一張陳年老椅，有人建議他將此處整理整理，可規劃成自家的酒窖。

期待已久的音樂表演即將開始，主人遂帶領大家到表演廳堂。我們小心翼翼地走上一座木頭搭起的狹窄樓梯後，眼前所見的世界瞬時與屋外農舍有著天壤之別。這個廳堂雖不大，但明亮舒適，雪白牆面襯著原木斜頂屋樑，自然和諧，同時米色毛織椅整齊羅列，屋外透進的光線使室內氣氛更加怡人。當然屋主也不忘為直笛表演者打上舞台燈光，插上鮮花綠葉陪襯；整個廳堂顯得小巧而精緻。

沒想到Petra的音樂會會在如此別具鄉村情調的地方舉行，著實打破了我對音樂會場地的刻板印象；雖出人意料，卻分外親切動人。尤其當其餘聽眾陸續抵達入席時，那彼此間親切的神情與輕鬆交流的情景，真讓我一度覺得頗像是小型社區的里民大會。而那懷孕的綿羊正在我們的腳底樓下，準備和大家一起享受這場音樂饗宴。

直笛的演奏不像弦樂那麼澎湃宏亮，聽起來反倒輕柔如風。大型管弦樂團的音樂太華麗，有時反而顯得沉重繁複；笛子的合聲則清脆可人，猶若品味了幾口甜而不膩的水果派……

→ 莫里茲城堡被完美人工湖所環繞

德國人的古裝遊戲
——國王城堡的巴洛克嘉年華

德國人其實是天真爛漫又調皮的民族，每回有什麼大型活動，
他們都喜歡扮古裝、演起戲來，讓觀眾看得新鮮、笑得開懷，
他們自己更是樂在其中！
德勒斯登的城市嘉年華（Dresdner Stadtfest）就以這樣的懷舊主題為主軸，
每每吸引成千上萬的遊客前來共襄盛舉，
使古城區的皇宮廣場、劇院廣場、亞伯庭河畔露台邊，全擠滿密密麻麻的人潮；
奧古斯都橋附近也不得不事先規劃，進行交通管制。

　　施坦德館、國都王宮和宮廷教堂之間，滿是穿著中世紀服裝的人，在一棚
接著一棚傳統老舊的木亭子裡，賣著平時少見的古意蒸餾酒、糕點、戲服，以及各
式各樣的手工藝品。有的人鼓起勇氣，到易北河草原旁玩起高空彈跳，挑戰自己的
膽量，旁觀人群也不停地吹口哨、歡呼叫好。河畔旁還出現一群群馬匹，好像回到
十七、十八世紀一樣，眾人無不爭相想體驗騎馬晃遊的樂趣。晚間熱鬧滾滾的Rock
演唱會就在杉普歌劇院旁展開；音響傳開的樂聲節奏，連遠在百餘公尺外的人都聽
得見。活動的熱烈氣氛，已達到風雨無阻的至高點，再加上閃耀夜空的絢爛煙火，
所有人都異常興奮感動；剎那間，這座城市還真像一個歡樂無憂的大同世界！

　　二〇〇六年，恰巧是德勒斯登建城八百週年紀念，市政府有意擴大慶祝，
畢竟這是繼東西德統一後，難能可貴的首府百年慶典，聖母教堂又已重建完成，這
幾乎是她最完美的時刻，怎能不好好大肆宣傳、慶祝一番！

德國人最愛的「古裝遊戲」，平時便常態性地在德勒斯登幾家著名的美麗地窖餐廳上演，以此為號召吸引顧客；例如聖母教堂旁的火藥塔餐廳（Pulver Turm）、布魯薛平台的堡壘牆（Festungsmauern），以及塔森堡皇宮（Taschenbergpalais）中的蘇菲地窖（Sophienkeller）。在這三家餐館裡，看不到任何一位普通的服務生，因為他們都換上了歐洲古裝，打扮成可愛的巴伐利亞姑娘、薩克森宮廷貴族、衣著華麗的皇后公主、或是變戲法的巫師，帶著大家回到巴洛克時代的夢幻場景。在此，享受佳餚再也不是唯一的目的，有時吃到一半，手持黑色羽毛扇的公主會特地來到桌邊問候，閒話家常；巫師有了興致，便會跑來變個魔術；背著古典吉他的宮臣，戴著他的俏鬍子和又長又捲的假髮，開始在大家面前盡情地唱起傳統德國民謠！……我真覺得，他們是打從骨子裡熱衷此道，而且樂此不疲！

　　記得某年盛夏，近郊的國王城堡（Festung Königstein）舉行了一場巴洛克嘉年華會，我和友人搭火車前去共襄盛舉。去過那麼多薩克森的古堡，國王城堡似乎是最雄偉的一座。盤據在易北河蜿蜒的巨岩高丘上，眺望遠方薩克森小瑞士的田園美景；雄心勃勃的奧古斯都，就是站在這兒臨風顧盼，環擁他的天下。相信他必定為自己所坐擁的江山、別人望塵莫及的豐功偉業，感到十分驕傲。從最初波希米亞王國的資產，演變到成為薩克森王國的軍事防禦堡壘、大型釀酒窟和恐怖獄場，城堡身分多變、功能角色隨時代推進，歷史長達八世紀之久。那方充滿粗獷氣息的露台，不知曾上演過多少貴族權力傾軋的戲碼！

　　若要從山腳下登上城堡，可真得費點勁兒。我曾試過用走的，但是不等慢慢「爬」到城堡大門口，早已氣喘吁吁！這回我決定搭乘城堡專屬的載客列車，輕鬆地抵達目的地。

→ 國王城堡駕馭著易北河谷遼原
　 德國人最愛的古裝戲碼
← 古裝公主、臉譜彩繪

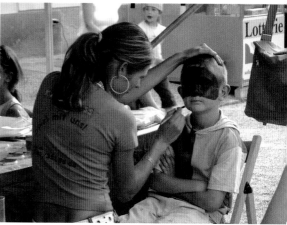

平常到此，總感覺城堡內冰冰冷冷，不過純粹是座浩氣猶存的莊嚴碉堡。但此刻完全不同了，巴洛克嘉年華的熱鬧氛圍，使得城堡裡到處都充滿著輕鬆活潑的人氣，灰岩古建築被色彩繽紛的布景點綴得亮麗可人。其中少不了的節目元素，還是德國人最喜歡的古裝扮演遊戲。

　　只見一個個巴洛克時代的公主，頂著捲捲髻起的古典高貴髮型，穿著淡藍純白相間的優雅低胸禮服，搖擺著寬大華麗的蓬裙，在廣場上晃過來、走過去，臉上隨時帶著一抹甜美笑容……霎時間，真讓人感覺我們是她的子民，她是我們全心愛戴的王族皇妃！

　　奧古斯都廣場旁擺了一具黑色老砲台，穿著綠衣紅褲筆挺軍服的侍衛軍將領們出現了；他們頂了個大如帆船的軍帽，在擔心帽子掉下的同時，還得準備象徵活動典禮開始的十二響禮炮。軍樂奏起，年輕可愛的娃娃兵們吹起小喇叭與號角，還有小鼓精神抖擻地拍打節奏；將軍喊了聲雄糾糾的口號後──砰！砰！砰！不得了了，那百年歷史的老砲台果真還管用，砲聲響徹雲霄、震耳欲聾，砲口還冒著絲絲白煙。

　　活動規劃者的心思非常幽默──廣場間，居然有個大鐵籠監獄，還找了好幾個人在牢裡扮起可憐兮兮的犯人，向每個充滿好奇心的遊客討飯。演員演得逼真，穿著看來髒兮兮的破麻棉布，手腕戴著手銬、腳上還有重錘腳鏈，不停地裝餓，喃喃地跟牢外的人伸手要東西吃，偶爾連他們自己都在偷笑！我們從背包裡找了一根香蕉給他，哈哈！他真繼續演──露出滿臉感激的笑容，當然吃香蕉的神情說什麼也要表現出狼吞虎嚥的樣子，吃完後，還頻頻磕頭叩謝！真令人難以想像，那幾個演員得被關在籠子裡直到太陽下山、遊客散盡為止，那是多累人的一件差事啊！

← 盛裝的女巫師正在幫小朋友臉譜彩繪
　　仿古可愛小舖

走在城堡裡的任一角落，無不是身穿巴洛克時代古裝的德國人，有的代表尊貴的宮廷上流社會，有的則飾演做工的平民百姓。國王挽著皇后的手，輕盈地在城堡花園裡散步；他們愈走愈偏僻，往城牆另一頭前進，幾乎讓人誤以為他們想要避開擾攘人群，躲到後宮隱密之處偷情！

　　後院的大廚師穿著古代圍裙工作服，拿著大叉，站在熊熊的爐火旁，用原始味濃厚的大鐵盤爐子燒出一道道佳餚。旁邊的攤位中，坐著一位滿臉妝彩的女巫師，穿著飄逸如仙的絲裙紗衣，正在聚精會神地幫小朋友做臉譜彩繪。

　　突然舞台上的老鋼琴，流洩出十七世紀的古典音韻；幾個模樣如華格納的樂師上了台，開始表演四重奏；面貌清秀的男子，哼起高亢的歌劇，咿咿啊啊的，音色高得宛若女高音，絕妙嗓音，替他贏得不少喝采，連台下的小朋友都頑皮地模仿了起來。

　　下午，時辰一到，國王的戲碼上演了。將軍號召軍隊集合，小兵們紛紛攜著又大又長的槍管排好隊伍，陣仗威武，表演著耍花槍的好功夫。這時皇后、公主、小宮女全登上華麗舞台，國王手持權杖，對著台下的子民們，談笑風生，惹得大家笑聲連連。這場嘉年華，就像是他的國慶日一樣。所有遊客，也都是配合演出的最佳臨時演員！

→ 復古巴洛克音樂劇表演
　　古裝國王和皇后不知要走到哪裡去
← 仿古烹飪趣味無窮

大公園的即興表演

每個迷人的都市，似乎都有座美麗的公園。

時髦的紐約人享受在中央公園慢跑運動的晨光；

巴黎人漫步在宮廷氣息濃厚的杜樂麗花園林蔭樹道間，享受黃昏時的浪漫；

在波士頓讀書上課的學子，倚在Boston Common公園裡的木頭長椅上，趕著預習下堂課的內容，

或者來到涼亭甲板旁，看看水裡嬉戲的小鴨，輕鬆地吃著三明治，解決一頓簡單的午餐。

而德勒斯登人最愛的秘密仙境，

莫過於坐落在萊妮大街（Lennéstraße）旁的大公園（Großer Garten）。

這公園的名字夠簡單，確也名符其實；它的廣闊，使我每回從前門走到後門，都得走上半個多小時。

搭電車到大公園，途上會經過氣派的福斯汽車玻璃透明工廠，然後很快地便抵達目的地。公園的對面是德國衛生博物館（Hygiene Museum），二〇〇四年時才從戰後重新開幕。這一帶環境予人的感覺很不同，格外清新、輕鬆、自然，讓人一來到此，直覺就想要鬆口氣、舒緩舒緩心情！

深長寬廣的Hauptallee主休閒林蔭大道，從門口筆直地延伸至公園中央的皇宮；這段路，好遠好遠。散步也好、溜直排輪也好、騎單車也好，每個人選擇用自己的方式在這段行徑上尋找樂趣；然而不約而同地，只要從這兒進入了大公園，平時沉鬱的情緒，似乎總能立即消逝無蹤。

公園的出現並非偶然，它的雛形前身早在一六七六年時就已出現，當時是做為選帝侯的養雉場。七年後，巴洛克花園的形象取代了過去一切；直到近代，才逐漸地朝公園、植物園的方向規劃，終於成為今日我們所見的模樣。

　　林蔭大道兩旁是青翠蒼鬱的草原和樹林，春夏時，經常可以看到德國年輕人在遼闊的綠地上，選個喜歡的角落、鋪上一大塊布巾，躺在上面看書、睡午覺，或者情侶們卿卿我我，好像把這兒當作了私家花園！天氣炎熱時，男生三不五時就打起了赤膊，女生則把T恤脫了，剩下一件讓人臉紅心跳的比基尼，然後曬起通體舒暢的日光浴……這對他們來說，真是再自然不過！

　　有小孩的家庭，週末特別喜歡到這裡野餐，讓孩童們隨興地自由玩耍、騎腳踏車。全副武裝的直排輪高手，不時從在涼椅上聊天的老公公、老奶奶面前，穿梭而過……

　　我很喜歡在皇宮前的繽紛花園旁席地而坐，欣賞花圃中央、由巴勒斯特拉 Pietro Balestra所雕塑的、如神話般的白色塑像；這雕像有個動人的名字──「時間綁架了美麗」（Die Zeit entführt die Schönheit）。然而時間並未讓大公園的美麗褪色，反而注入了更多的青春之水，讓這塊園地日益活耀年輕。

→ 大公園無限愜意的午后
　「時間綁架了美麗」花園雕塑

大公園裡的秋天特別美，落英繽紛，樹林呈現多彩的色澤，倒映在皇宮後方大噴水池的鏡面上；滿地金黃的楓葉，讓人忍不住想去拾起一把、拋向天空，就像電影中天真的夢幻情節一樣！

皇宮角落的徑道旁，有個賣冰淇淋的攤子，經常排滿了人；許多小朋友溜直排輪溜累了，便直接滑到這邊買冰淇淋吃。優格、哈密瓜、西瓜、草莓、栗子、核桃……顧客經常在各種香甜口味間猶豫不決！夏天時，對面的啤酒花園生意更是好得沒話說；大夥兒坐在長凳上，啜一口沁涼的黑啤酒、一口小圓麵包夾香腸……我心想，生活中還有什麼比這更暢快的事？

有一天，我從旁邊的Queralle大道走來，無意間發現了公園中另一處私密境地——那靜謐優雅、柔和迷人的卡洛拉湖畔（Carolasee）。兩旁濃郁的青野，映耀在碧綠的湖心，湖上的輕舟小船，隨著波浪輕輕搖擺……。這細膩景象，或許連十九世紀的美國自然文學家梭羅都會為之心動。

公園中央的皇宮宮殿，造型古典，對稱均衡，是在一六七八年左右由德國建築師規劃而成；建築本身擁有極崇高的歷史地位，因為它在德國歷經漫長的三十年戰爭後，成為義大利式巴洛克宮殿的先驅。以往奧古斯都和他的兒子薩克森選帝侯約翰・喬治三世（Johann Georg III）把這裡當作夏季避暑行宮，在奢華高貴的宴會廳裡，舉辦各種關於戲劇、藝術的宮廷派對。根據史料記載，由於約翰・喬治三世對音樂文化的熱愛與推動，使得德勒斯登成為第一個延攬女性歌手進駐表演的德國宮廷地。自此之後，這城市在音樂方面的發展，持續地展現卓越成就。

每逢夏季的德勒斯登音樂節（Dresdner Musikfestspiele），大公園皇宮都會成為重要的表演場地之一。二〇〇三年的夏夜，來自美國的爵士三重奏樂團在這裡演出，我和友人興奮地前來捧場。皇宮旁排滿整齊的露天椅子，音樂會在寂靜星空中展開。昏黃燈光下，鋼琴、低音大提琴和爵士鼓展現音符之間的和諧默契，但天空中紛飛的白蟻，卻有趣地跟隨Spotlight的光暈，騷擾台上的三位樂手。鋼琴師因此拿牠們自嘲，鼓手也不得不搶在機會難得的空檔小節，趕緊伸出拿著鼓棒的雙手，在空中揮舞個兩下，好驅趕在他面前嬉鬧的小飛蟲。除了台前奔放的爵士藍調，遠方池田裡，還傳來陣陣的青蛙鳴叫聲。在這渾然天成的情境下交織而成的，原來是一場人與自然共同譜出的即興演奏！

→ 前頁圖：大公園裡的美麗湖泊

老時光遊行

每人有時候會想回到過去，懷念記憶中的美好，

惦記「那些日子以來」身邊最親密的一切，

就像一只沾滿茶漬的老茶杯，就算洗不乾淨了，也捨不得把它丟掉。

德國人也是如此，可能東德人比西德人更富有「緬懷」心境；

西德的環境在戰後未有太大的轉變，但德東則不然——

新的建設、新的政治、新的社會體系、新的外地人……，

都在這十幾年內傾巢而入，時代的巨浪，推著他們向前，衝擊的力量，很重！

年輕人還有適應的彈性，至於年過六十的長者，則還沒來得急反應，

世界就已經變了。

　　歐洲人天性懷舊，那並非口頭說說，而是真心喜歡保留老東西。比方我所住的地方，客廳的門已有一百年歷史，但看起來還好好的，門閂更是古意地可愛，比新的還有味道！荷蘭籍房東特地交代我，「這門把很老了，可得小心使用喔！」無疑暗示著：若能再用上第二個百年，就再好不過了。

　　我守護著家裡的老木門，古城裡的交通博物館（Verkehrsmuseum）則守著薩克森的老蒸氣火車頭、東德汽車，還有人類最初渴望飛行的夢想。週末下午，從考澤爾皇宮的咖啡館用完午茶出來，穿過新廣場，我一路逛進了博物館。館內大廳透光的天頂上，懸掛著一架引人注目的一九〇九年Bleriot-XI小飛機，造型簡潔輕盈。我看著這將近有百年歷史的玩意兒，思緒彷彿被拉回了飛航家林白夫婦生活的時代。這裡所有上天下海的交通工具，大多都是德國薩克森邦製造設計的產物。

我們時常在鐵道旁看著火車來來去去，但此時把火車頭放在建築屋簷內，才突然感受到它的龐然巨大，站在一旁的自己，顯得何其渺小。德國人向來很會發明舟車，所以這裡也保存了在德國歷史上排名第三悠久的一八六一年薩克森火車頭，至今看來依舊亮麗如昔。其實早在一八三九年時，從德勒斯登通往萊比錫的火車軌道，就開啟了德國鐵路建設的先鋒。火車開動時的噗噗聲、鐵軌輪軸的廝磨聲，都在腦際裡熱鬧地轟轟作響；劃破長空的紛飛塵煙，飄蕩在無垠的滾滾紅塵之中。

　　「妳想騎騎看嗎？」逛到外頭時，博物館的管理員這麼問我。眼前有一台幾乎和我同高的大單輪腳踏車，是早期捷克製造的，就像是供馬戲團表演者使用的造型單車。管理員熱情地試圖扶著我爬上車坐坐看，沒想到因為我不夠高，竟然再怎麼使勁兒也爬不上坐墊；後來有個高頭大馬的男生來了，輕輕鬆鬆地便登了上去，手扶著細小的龍頭，踩起踏板、轉動車輪，就像是特技表演般逗趣！

　　管理員指著整列陣容整齊的單車跟我說：「這些都是DDR東德時期的腳踏車，以前我也有一輛！」後面則有一台東德剛開放後、一九九三年的拉風刑警摩托車，載著頭戴白色安全帽的警察模特兒，一身標準墨綠色的皮衣勁裝，胸口還繡著「Polizei」薩克森邦的徽章。

　　其實這裡最可愛的展示品，就是「Trabant」共產國民車──純白的塔邦P60 Kombi de Luxe，圓圓的車燈就像維尼熊充滿笑容的眼睛。與圖林根邦一樣，早期薩克森在汽車工業的發展上非常突出，特別是德勒斯登、坎尼茲（Chemnitz）、茲威考（Zwickau）、艾森那赫（Eisenach）等城鎮，貢獻甚鉅。

→　交通博物館中的骨董車展覽
　　駛往Coschütz的老電車

還記得法國女星珍‧瑪琪演的電影《情人》，男主角梁家輝總是隱身坐在黑色高級轎車內，等著身型纖細的女主角穿著白色洋裝下課……。我在博物館的角落，一腳便踏進了電影中的場景——一九三四年斯圖加特出產的賓士Limousine禮車，閃亮的黑，在古廠裡發光；從車頂斜下的雨刷，左右規律地搖擺，讓車裡的紳士看透窗外迷濛悵然的夜色。

　　二○○六年的八月，德勒斯登天氣反常地冷，別說是盛夏了，逐漸飄落的黃葉讓人失落地感嘆秋季的提早到來。好不容易月中的週末出了個大太陽，熱得讓冰淇淋小販的生意扶搖直上。也許是天公作美吧！因為德勒斯登正在準備為了建城八百周年慶典，來上一場「老時光遊行」，讓交通博物館和電車博物館內的老爺爺重量級轎車、電車、摩托車……再次走上街頭，風風光光地展露他們絕代非凡的經典韻味。

　　遊行前一天，古城區裡就開始了熱身活動。羅德伯格、佛萊柏格啤酒商的流動露天酒吧，全都停靠在國都王宮旁的廣場上；人們邊吃著蒜味、起士味極重的義大利式Langos油炸麵餅，一邊喝著五百西西的Radler（雪碧加德國啤酒），暢快之意不在話下。搭在古市集裡的露天音樂舞台，主持人正努力地帶動氣氛，隨後一群女士登上舞台，表演起踢踏舞，仔細看看，她們的年紀可真不小了，有幾位還已頭髮花白，但她們舞動得比年輕女孩還賣力！

　　翌日早晨，市區裡各街道兩旁早已站滿了人，許多攝影師把照相機掛在脖子上，在川流不息的車道中間挑了個好位子，準備捕捉老時光遊行的精采鏡頭。奧古斯都橋畔、卡洛拉廣場、日本皇宮和薩克森民俗博物館前的庫波克街（Köpckestraße）旁，遊客多得出人意料，這恐怕是德勒斯登自德國統一以來最熱鬧的一年。三年前我剛來到此地時，遊客還沒像今日這麼多。

　　大家期待已久的老電車，叮叮噹噹地沿著軌道冒出來了，所有人頓時興奮無比，小朋友更開始指指點點地對爸媽發出成串好奇的疑問驚嘆句。Waggonbau Gotha於一九五九年製造的Einheitstriebwagen淡黃色電車、一九三一年Niesky製造的Großer Hechtwagen電車接二連三出場，以緩慢的速度行進；車頭的造型非常可愛，各有不同，有的方方圓圓、有的呈菱角形，車窗頂還寫著它的終站目的地——Bühlau（這城鎮一九二一年開始才納入德勒斯登的市政範圍內）。有些參加遊行的電車，還是七○年代在布拉格製造的。操縱電車的司機特地穿上了舊時代列車長釘著金釦子的深色制服、頭戴圓帽，非常講究！

→　老時光遊行出動了所有德國老巴士

許多人為了體驗搭乘老電車的滋味，特地花錢買票上車，加入遊行隊伍中；林林總總，大概共有九輛老電車環繞著易北河上的橋來來回回地駛著，其中最老的一部是德勒斯登在一九〇二年造的Berolina。它們與現行的橙黃色市區電車交錯往返，拼湊出古典與現代交通工具難得同在一條街上行駛的景象。

緊跟在後的隊伍，是德勒斯登軍事博物館和采特罕鎮（Zeithain）的老東德軍車，精神抖擻的龐大陣容，使得市區頓時變成了閱兵大典的廣場。車上的人還特地身著墨綠色軍戎、戴著軍帽、拿著假槍，好像自己真是準備應戰的德軍，滿臉笑容地向路旁為他們喝采的民眾揮手致意。

許多巴士、軍車的身上，都標示著「IFA」，這個企業是在DDR東德時期由SMAD蘇維埃德國軍事管理單位督導的汽車製造協會，它旗下的品牌還有很多，例如Ｂarkas拖板貨車和救援車、一九六五年生產的Wartburg 312休旅車、Framo運輸車，以及Sachsenring優雅的禮車等等，各式各樣的車型，全都在此刻一股腦兒地出籠。

很多喜歡骨董車的車迷，也把自家珍貴的老轎車開出來，同在兹溫葛皇宮前穿梭炫耀。三〇年代製造的賓士、BMW、福特Model T、Ｏpel、雪鐵龍……都齊聚在德勒斯登。車主們驕傲地展示他們的愛車，有些坐在敞篷車裡的女孩，還特地戴上復古大墨鏡、頭包絲巾、塗上艷麗的口紅，打扮得花枝招展，宛如電影中的貴婦！

突然間，奧古斯都金銅像前有狀況發生了！一輛原本渾身帶勁兒的天藍色骨董車竟然拋錨了，人們都好奇地擠過去圍觀；不過這會兒非但沒有噓聲，還引來大群攝影記者。畢竟，這才是老爺車該有的樂趣和興味。穿著入時的車主無奈地下了車，打開引擎蓋，仔細瞧瞧到底是哪裡出了問題；記者們更是不錯過這個機會，扛著攝影機、爬上旁邊的旗桿，試圖從上而下紀錄整個過程。好不容易，七拼八湊的，老爺車終於準備再次發動，旁觀的大夥們噤聲等待……車主心中應該正唸著：「加油吧！我的好老爺，全部的人都在看啊，可別讓我丟臉了！」皇天不負苦心人，老爺車又緩緩地啟動，現場的人全都報以熱烈的掌聲和歡呼聲。

　　在圍觀拋錨老爺車的期間，老遠就聽見救護車的聲音，沒多久，東德時代的消防車、紅十字會的老巴士已大陣仗地到來，最老的一輛是一九二八年賓士出品的LF 12，和現在的救火車已經很相似。後頭還緊跟著三〇年代Wanderer的骨董摩托車，車上騎士的盛裝配備可神氣得很呢！

　　整個中午，德勒斯登古城就在數百輛各式軍車、腳踏車、東德國民車、老電車、豪華禮車的環繞下，瀰漫著沸騰的情緒。若不是忙於維持交通管制的警察，若不是滿街的遊客，那橋頭葛根堡文藝復興的背景、迎風顧盼的聖者塑像，混雜著滿街奔騰的老車，還真教人有種時空混淆的錯覺。疑惑迷惘中，剎那間會以為叱吒一時的蘇維埃政府又再度踏進了現代的東德風雲之中……

→ 東德時期的消防車
　　個人珍藏的老摩托車也趁機出來亮相
← 加油吧！我的好老爺！

莫里茲堡冰上盛宴

德勒斯登剛刮完一陣狂風暴雪，原先美麗的銀色世界，過了幾日，
經過來來往往的車輛、剷雪機和路人的踐踏，只剩滿地的泥濘；
黏濕濕的塵土，醜化了所有即將溶逝的冰雪。

　　天氣很冷，晚上沒什麼心情下廚做菜，於是決定到頗有名氣的Brauhaus
Am　Waldschlösschen森林城堡用餐。平時，它的夏日啤酒花園座無虛席，因為可以
望盡易北河畔的風景；但遇上這種酷寒的天氣，任誰也沒有興緻觀景，只有安安份
份地坐在屋內，點上一客大豬腳主餐，彌補幾天以來因寒氣逼人而流失的熱量。

　　吃完晚餐回到家中，已是晚上快九點；差不多該沐浴準備上床睡覺了。
突然間，客廳電話響了起來。

　　「你們在忙些什麼？」住在附近的朋友喬瑟夫打來問。
　　「剛出門吃飽飯回來」我說。
　　「走吧，去溜冰吧！」他的語氣異常興奮。

　　我倒是呆了，又有點狐疑，因為時間已經這麼晚了。
　　於是問他：「現在嗎？」
　　「是啊！」他很堅定地回答。
　　「可是去哪兒溜呢？」
　　「莫里茲堡囉！」我知道城堡外圍有一個很漂亮的湖。

　　他繼續語帶雀躍地說：「今天下班後，我和亞曼開車到城堡那兒探險過了。
那裡的大湖都已經結冰，冰原很硬，而且下午開始就有人在那兒玩了。」

喔，我腦海中突然想起去年冬天的一則新聞──有個德國小男孩在結了冰的湖旁玩耍，但因為表面冰層結得不夠厚，因而掉進湖中溺斃了。這類案例還不止一樁。況且，白天去還好，偏偏現在是月黑風高的夜晚，外頭又是零下低溫，感覺還真可怕呀！萬一掉到湖裡，方圓百里內可是沒人會救你的。

我一陣遲疑後，但覺盛情難卻，又帶點好奇心，於是便決定跟去看看。

沿途中，黑壓壓的一片，直到莫里茲堡前方的大道上，才出現幾盞明燈。喬瑟夫夫婦還真帶了溜冰鞋，準備在湖上大展身手；我則是膽小無比，只準備蹲躲在岸邊觀看就心滿意足了。

我們把車停在城堡的湖畔。喬瑟夫夫婦拿著手電筒、拎了溜冰鞋，便開始一步步往湖心走。天哪，我在一旁看著，心裡直冒冷汗，感覺又冷又緊張，愈緊張就愈冷……。放眼望去，整片湖區，除了我們幾個人，四周黑得沒有半個人影。

「你們要小心欸！」我喊著。
「妳也快下來吧！」我有沒有聽錯？我都已經快嚇得暈過去了。
「沒……沒關係……，你們先玩吧，我在這兒看看風景就可以了。」遠方的城堡主殿，還透著迷濛暈黃的微光。
「妳不要怕嘛，真的沒問題，冰都很硬很厚的。快下來吧！」喬瑟夫奮力地遊說我。
幾番推託後，最後只好硬著頭皮走上去，誰教我如此膽小又愛跟呢。

湖面的確很光滑，上頭還有人們曾經用火灼燒的痕跡，看來是想探勘冰層的厚度。走在湖裡可得小心翼翼，儘量避免靠近池畔的邊緣地帶，那裡的冰通常較為脆弱，要是一個不留神，後果不堪設想……

我認真地試探冰的「感覺」，想知道它到底是否真能支撐我的體重；踏了踏，還真挺紮實的，這才稍稍放了心。喬瑟夫堅持借我溜冰鞋，要我上場滑一滑，體驗在月光城堡下飛舞遨遊的獨特感受。

原本腳很凍，說也奇怪，穿上溜冰鞋後反而暖多了。起先我還不敢離他們太遠，但沒想到冰原如此平滑，馳騁起來無比順暢。我愈溜愈快、愈滑愈遠……，幾乎從停車的湖岸邊快到達皇宮旁了。先前的畏懼膽怯，竟然瞬間消失無蹤。感覺自己像是音樂盒裡隨著樂音起舞的芭蕾舞娃娃，轉啊轉、轉啊轉……天上的星光，映在雪白的湖面上，閃爍明亮。莫里茲城堡在黑幕之中，顯得既神秘深邃，又高貴迷人。

平凡的雪夜，不凡的經驗。或許是這一夜讓我太難忘了，等到週末，便決心再到莫里茲堡再走一趟。

　　白天的風景果真和夜晚的迷濛意境大異其趣。在溫暖陽光的照耀下，莫里茲堡彷彿鑲了一圈金黃色光暈。尤其冬季的日照短，下午時太陽斜照著，宛若夕陽般，使得整座城堡湖區籠罩在充滿暖意的氛圍中……

　　當我抵達時，所見景象令我訝異萬分——冰湖上到處都是人，簡直比夏天還熱鬧，與那天夜裡的形單影隻相較，此刻的氣氛著實令人興奮。

　　德國人十分愛溜冰刀，很多人都是攜家帶眷地開著車前來，連家中的小狗寵物都不忘來這兒踏一踏！爸爸教女兒溜冰、玩球；年輕人則三五成隊地，自備網籃、打起激烈的曲棍球賽；還不太會走路的小Baby，有親愛的大哥大姐為他拉著小雪橇，四處遊盪。這情景，猶如德國冬季的天堂夢境般，充滿了歡樂聲和興味。

　　最有趣的是，冰原上還出現賣烤香腸的小販呢！他們的生意頭腦動得真快，此刻這兒人多，溜冰又會冷會餓，大家都想來客小圓麵包夾香腸充飢。看著他爐上的熱煙在冷空氣中向上直冒，引得許多人都前來「圍爐」。而岸邊，也有賣著熱紅酒的攤子，許多人站在城堡旁欣賞風景，手中就持著這麼一杯暖飲，似乎比待在家吹暖氣還多了幾分開懷！

　　這是莫里茲堡的冬季派對，一場屬於冰的盛宴。

耶誕節迷霧
Weinachtszeit

或許是耶誕節快到了吧！
從清晨到黃昏都未曾散去的迷霧，
宛如楔子般地預告真正的銀色季節即將降臨。
這個下午，德勒斯登如此寧靜，看著窗外的霧氣，
一層層地覆蓋在整排枯樹叢林上頭，
就像一頂碩大無邊的白帽襯著無數纖細的髮絲。

　　　　十二月初的夜裡，德勒斯登零下五度的氣溫，我低著頭、躲在帽簷的溫暖中，慢步行走著。身旁車道中幾輛轉彎的車子接二連三地將車燈照映在雪堆上，這個片刻，結成冰的雪，此起彼落地閃耀著如地面星星般之光亮。

　　　　早在十一月底時，慶祝耶誕的活動便如火如荼地展開了。延續將近兩個月的時間，家裡的信箱塞滿了關於耶誕飾品的目錄和特價廣告。我通常都會很認真地翻閱這些廣告，想從中探查德國人到底都在耶誕節時準備什麼樣的佈置及作什麼安排。

　　　　琳瑯滿目的聖誕花圈、七彩蠟燭、禮物緞帶、花式燭臺、天使雕像……，讓人看得眼花撩亂，光是妝點聖誕樹的小吊飾與吊球、金銀珠串、彩帶等等，就不知得花多少錢才能一次購足。

市中心的古市集（Altmarkt），平日便是慶祝特殊節慶之活動廣場，到了聖誕節，這兒可成為嘉年華的主角了，畢竟德國最古老的耶誕市集廣場就在這裡。德勒斯登將這個耶誕市集命名為「Striezelmarkt」。將近一整個月的時間，居民與遊客在此盡情歡樂享受，長達半公尺長的Riesen烤香腸、蛋糕、猶太圈餅等攤位隨侍在側，補給大家在嚴寒中需要的熱量。如此的凜冬時節，熱騰騰的格律酒（Glühwein）無疑是最受歡迎的了！這種酒在法國稱為「vin chaud」，喝起來帶點特殊的香料味兒，也有濃甜的蜂蜜香。德國佬總是戴著厚厚的手套，端著冒煙的小杯子，邊喝邊聊；我則是對多加了柳橙汁變成Punsch的酒情有獨鍾。

　　市集廣場上，上百個木屋攤位聚集著，有吃、有喝、有看、有玩。特別搭起的「小城堡」舞台，搭配炫麗的佈景與眾多卡通動物、人物雕像，吸引孩童好奇和興奮的目光。幸福的孩童們，有的乘著城堡旁的電動小火車環繞花園，有的在旋轉木馬上奔馳著，看他們開懷的笑容，連大人都感到羨慕。

　　一旁的薑餅屋滿掛了心形薑餅，餅上大多寫著「Ich liebe dich」（我愛你），或者「Frohes Fest」（歡樂慶祝）。金髮少女將紅色心形餅兒掛在胸前，笑容顯得更加甜美。由於正值聖誕節，因此薑餅屋的檯前還陳列了大大小小、可愛的薑餅屋。

　　有的饕客擋不住巧克力醬裹紅蘋果糖葫蘆的誘惑，有的則對焦糖杏仁果愛不釋口。核桃、鳳梨乾、梅子乾、芒果乾、橘子乾、栗子……口味眾多的蜜餞與核果在此刻傾巢而出，好像中國人過年時免不了嗑嗑瓜子、吃點豬肉乾、牛軋糖一樣。奧地利籍的友人曾告訴我，每逢聖誕節前後，他的母親總會買好幾大包的栗子及核桃，在家盡情地享受剝殼與品嘗的樂趣。

→ 德國歷史最悠久的聖誕市集
　就在德勒斯登

← 德國薑餅

突然瞧見廣場的看板上寫著：「這是Dresden第五百七十屆耶誕市集嘉年華」。掐指推算，Altmakt在西元十五世紀時，就是如今所見的模樣了。在這座古典之城，地域面貌並不曾有太大的改變，只是不知道數百年前的人們，當在這裡慶祝耶誕節時，吃的是什麼、玩的又是什麼？但至少可以想像，當時的婦女們無疑得穿著長及地面的古典花裙，圍著披肩、斗篷，裙身一搖一擺地在廣場上穿梭。

教堂旁有個攤位擠滿了人，我也好奇地忍不住想加入他們的陣列。那是一家專賣德勒斯登耶誕蛋糕的糕餅屋，招牌上寫著「Dresdner Christstollen」。這種Stollen蛋糕造型長而寬、稍扁，上頭灑上白雪般的糖粉。德國人習慣將它切成一片片，伴著熱茶或咖啡慢慢享用。穿著白色廚衣的德國師傅，見著我好奇的目光，便相當熱情地打開大烤爐讓我瞧個透徹，同時還免費獻上幾片剛烤出來的蛋糕讓我品嚐，盛情之至，讓我相當感動！

事實上，「隧道蛋糕」（Christstollen）是德勒斯登的知名傳統特產。依照習俗，唯有在耶誕時節才會特地製作，算是應景的烘培佳餚。無論是水果口味或是罌粟子口味，那甜而不膩、豐厚紮實的口感，可是教人吃在嘴裡、甜在心裡！

而隧道蛋糕的起源，歷史可追溯至一千四百年左右。以當今的製作配方來說，獨特風味的呈現，是因為有牛奶與牛油的烘托。然而，若非當初薩克森的選侯王恩斯特（Elector Ernst of Saxony）與他的兄弟亞伯列特（Albrecht）曾向教宗請求解除牛油使用的禁令，否則，於Stollen創始的時代裡，不得添加牛奶與牛油的耶誕蛋糕，嘗起來肯定比我們現在所吃的要單調得多了！

→ 傳統耶誕旋轉金字塔

← 德勒斯登知名的耶誕
蛋糕Christstollen

自從一九九五年開始，德勒斯登每年都會選出一位甜心美女，作為Stollen嘉年華的靈魂人物，並帶著特製的超大型耶誕蛋糕遊行市區。這回，十二月六日的周六也不例外，Stollen嘉年華從茲溫葛宮揭開序幕，接著馬車遊行護衛隊沿著城市中最美的舊城區前進，還有許多身穿白衣的蛋糕師傅也在陣列當中；最後，終於來到了古市集這全市耶誕嘉年華的中心點。

　　德國人對於切下這重達三點五公噸的巨型蛋糕，可是絲毫不馬虎，那把長一點六公尺的銀刀不僅造型獨特，並且是專為切開Stollen蛋糕而設計的！這個由一七三〇年奧古斯都華麗年代所承襲下來的大蛋糕分享派對，著實使德勒斯登在耶誕季節裡，散發出更古典、更耀眼的歷史風情。

　　品嚐傳統蛋糕之餘，耶誕市集上的木雕精品也相當引人注目。若認真觀察，將發現人潮最多的攤位，十個當中有八個是專門販賣木製雕刻玩偶和裝飾品的。遊客們無不睜大了雙眼，欣賞那些由厄爾士山脈（Erzgebirge　Mountains）原木所製成的可愛小玩意兒。地理上，厄爾士山和德國東部的薩克森地區相接，座落於捷克和斯洛伐克的波西米亞地帶，算是與德勒斯登相當鄰近。有的攤位內的雕刻師，無論身旁顧客多麼七嘴八舌，仍舊專心地刻著迷你耶誕樹，絲毫不為所動，圍觀的人們都為他的高超技術發出讚嘆之聲！

→　藝術技師正專心地製作木雕擺飾
←　聖誕市集隨時都有音樂表演

可愛的袖珍玩偶，大都僅約兩、三公分高，有成群的小天使、高雅的黑衣古典樂隊、耶誕老人、身著樂儀軍裝的小侍衛……啊！令人人恨不得能全部將它們買回家！仔細瞧瞧，每個木偶的單價都不算低，當然各個店家的標價不同，如果想以最實惠的價格買到最喜歡的寶貝，可就得視自己有多少搜尋與比較的耐心了！

　　在這木偶世界裡，最有當地特色的耶誕木偶就屬「吹煙老人」，德國人稱之為「Räuchermännchen」。平時，Rauchen指的就是抽煙。各種造型的吹煙老人，大都做成多十到二十公分高，比袖珍天使雄壯許多；有的會刻意雕成駝背狀，再為他漆上彩衣，顯出老頑童的可愛模樣！這些「老人們」的嘴都做成小圓洞，身體也可以打開，打開後，若填上特製的木炭放在它的空肚子裡，用打火機點燃，再闔起身體，隨後就能看到輕煙從老人的口中慢慢吐出！瞧他吞雲吐霧的逗趣神態，還真一副煞有其事的樣子！

　　我的戰利品當中，有個會隨燭火而旋轉葉片的小木雕。這靈巧的擺飾左右兩旁可插上蠟燭，蠟燭點燃後，由於燭光的熱力驅使空氣流動，因而上頭的風車便會旋轉，進而帶動下方有耶誕樹和天使的舞台隨之轉動。而這種風葉玩具擺飾的真實放大版，就矗立在Striezelmarkt耶誕廣場的中央。這十四公尺高的黃金錐形旋轉寶塔，曾經因為它的雄偉而創下世界紀錄；但真正吸引人的，是寶塔中繽紛夢幻的可愛士兵、樂隊和天使木偶，一層層、一圈圈地旋轉著。在十二月裡，持續地為人們的歡樂加溫。

→　德國特有拱型聖誕窗燈
　　胡桃鉗木偶
←　吹煙娃娃木偶

我喜歡於擁擠的人群中，觀察德國佬都為耶誕節添買些什麼、準備什麼。我發現，有種稱做「Lichterbogen」的彎月型木雕燭燈，是他們相當情有獨鍾的擺飾。耶誕季節裡，許多德國人都會於窗框旁放上這種細木精雕的半圓形或三角形蠟燭台；雖說是燭臺，其實點點閃爍的橘紅「燭光」，都是由許多小燈泡所營造的。所以在窗外的人，可以看見一個個如彎月或三角形的星光。當整棟樓的住戶都點起燭燈時，那漆黑夜晚瞬間即被點綴得繽紛絢爛！我自家對街的鄰居窗前和森林入口，也都掛上了大顆黃橙橙的多角星星吊燈。這麼溫馨的景象，真教人盼望耶誕節永不會結束。

　　好幾個十二月的夜晚，在住宅區附近漫步，已看不到往常的景象。過去無論是公寓或獨棟住宅，到了夜晚幾乎都是黑壓壓地一片，頂多只有屋內的光線微微透出。可是，此時不同，家家戶戶的窗邊都不約而同地閃耀著燈火，讓整座城市在溫度零下的嚴冬中，變得無比暖和，連走在路上形單影隻的路人，也不再感到那麼寂寞！

　　德勒斯登終究保留了許多德國式的傳統，生活風格也好、節慶也好，並未因時代變遷而拋掉屬於自己最源遠流長且豐盈的一面，耶誕節的童話夢幻世界便是這城市最具有魅力的章節之一。無論數十年、數百年間的政局再怎麼更迭，市區建築與交通再怎麼邁向現代，古廣場上的Striezelmarkt聖誕市集，永遠象徵著德勒斯登的永恆與不變。

→ 曾列入金氏紀錄的聖誕金字塔矗立於十字教堂旁

—— 國 家 圖 書 館 出 版 品 預 行 編 目 資 料 ——

德勒斯登：浪漫古典的夢幻之城 / 章艾蓁　圖.文.
—— 初版 —— 臺北市：大塊文化，2007〔民96〕
面；　　　公分 ——（tone；13）

ISBN 978-986-7059-89-5（平裝）
1. 德國 - 描述與遊記

743.9　　　　　　　　　　　96009988

LOCUS

LOCUS